ESTARÃO AS PRISÕES OBSOLETAS?

Da autora:

A democracia da abolição

ANGELA DAVIS

ESTARÃO AS PRISÕES OBSOLETAS?

Tradução
Marina Vargas

11ª edição

Rio de Janeiro | 2025

Copyright © Angela Davis, 2003
Originalmente publicado por Seven Stories Press, Inc., Nova York, EUA, 2003

Publicado mediante acordo especial com SEVEN STORIES PRESS em combinação com seu agente designado Villas-Boas & Moss Agência e Consultoria Literária.

Título original: *Are Prisons Obsolete?*

Imagens de capa: art-sonik/iStock (cerca); NikolaVukojevic/iStock (textura)

Texto revisado segundo o novo
Acordo Ortográfico da Língua Portuguesa

2025
Impresso no Brasil
Printed in Brazil

CIP-BRASIL. CATALOGAÇÃO NA PUBLICAÇÃO
SINDICATO NACIONAL DOS EDITORES DE LIVROS, RJ

Davis, Angela, 1944-

D292e   Estarão as prisões obsoletas? / Angela Davis; tradução de
11ª ed. Marina Vargas. – 11ª ed. – Rio de Janeiro: Difel, 2025.
144 p.; 21 cm.

Tradução de: are prisons obsolete?
ISBN 978-85-7432-148-6

1. Prisões – Aspectos sociais. 2. Sociologia. I. Vargas, Marina. II. Título.

	CDD: 365
18-48836	CDU: 343.811

Meri Gleice Rodrigues de Souza – Bibliotecária – CRB-7/6439

Todos os direitos reservados. Não é permitida a reprodução total ou parcial desta obra, por quaisquer meios, sem a prévia autorização por escrito da Editora.

Direitos exclusivos de publicação em língua portuguesa somente para o Brasil adquiridos pela:
DIFEL – selo editorial da
EDITORA BERTRAND BRASIL LTDA.
Rua Argentina, 171 – 3º andar – São Cristóvão
20921-380 – Rio de Janeiro – RJ
Tel.: (21) 2585-2000 – Fax: (21) 2585-2084

Atendimento e venda direta ao leitor:
sac@record.com.br

Sumário

Agradecimentos   7

CAPÍTULO 1
Introdução: Reformar ou abolir o sistema prisional?   9

CAPÍTULO 2
Escravidão, direitos civis e perspectivas abolicionistas
em relação à prisão   23

CAPÍTULO 3
Aprisionamento e reforma   43

CAPÍTULO 4
Como o gênero estrutura o sistema prisional   65

CAPÍTULO 5
O complexo industrial-prisional   91

CAPÍTULO 6
Alternativas abolicionistas   113

Referências   127

Notas   131

Agradecimentos

Eu não deveria ser considerada a única autora deste livro, pois suas ideias refletem várias formas de colaboração, nos últimos seis anos, com ativistas, estudiosos, prisioneiros e agentes culturais que tentaram revelar e discutir o impacto do complexo industrial-prisional na vida de pessoas — dentro e fora das prisões — em todo o mundo. O comitê organizador da conferência Critical Resistance: Beyond the Prison Industrial Complex [Resistência crítica: Além do sistema industrial-prisional], realizada em Berkeley em 1998, incluía Bo (rita d. brown), Ellen Barry, Jennifer Beach, Rose Braz, Julie Browne, Cynthia Chandler, Kamari Clarke, Leslie DiBenedetto Skopek, Gita Drury, Rayne Galbraith, Ruthie Gilmore, Naneen Karraker, Terry Kupers, Rachel Lederman, Joyce Miller, Dorsey Nunn, Dylan Rodriguez, Eli Rosenblatt, Jane Segal, Cassandra Shaylor, Andrea Smith, Nancy Stoller, Julia Sudbury, Robin Templeton e Suran Thrift. Durante o longo processo de coordenar os planos para essa conferência, à qual compareceram mais de 3 mil pessoas, discutimos várias questões que apresento neste livro. Agradeço aos membros do comitê, inclusive aqueles que usaram a conferência como base para criar a organização Critical Resistance. Em 2000, eu era membro do grupo de pesquisa residente do Instituto de Pesquisa em Ciências Humanas da Universidade da Califórnia e tive a oportunidade de participar de discussões regulares sobre muitos desses assuntos. Agradeço aos membros do grupo — Gina Dent, Ruth Gilmore, Avery Gordon, David Goldberg, Nancy Schepper Hughes e Sandy Barringer —, por seus conhecimentos inestimáveis. Cassandra Shaylor e eu escrevemos um relatório sobre mulheres negras e o complexo industrial-prisional para a Conferência Mundial contra o Racismo de 2001, e muitas das ideias presentes nele estão neste livro. Também recorri a outros artigos recentes que publiquei em diversas coletâneas. Nos últimos cinco anos, Gina Dent e eu ministramos várias palestras juntas, publicamos em conjunto e tivemos longas discussões sobre o que significa realizar, como intelectuais e ativistas, trabalhos que nos estimulem a imaginar um mundo sem prisões. Agradeço a ela por ler o manuscrito e sou profundamente grata por seu apoio intelectual e emocional. Por fim, agradeço a Greg Ruggiero, o editor desta série, por sua paciência e seu estímulo.

1

Introdução: Reformar ou abolir o sistema prisional?

Na maior parte do mundo, é tido como evidente que uma pessoa condenada por um crime seja mandada para a prisão. Em alguns países — incluindo os Estados Unidos —, onde a pena capital ainda não foi abolida, um pequeno, porém significativo número de pessoas é condenado à morte por crimes considerados especialmente graves. Muitos estão familiarizados com a campanha para abolir a pena de morte. Na verdade, ela já foi abolida na maioria dos países. Até mesmo os defensores mais ferrenhos da pena capital reconhecem que esta enfrenta sérios desafios. Poucas pessoas acham difícil imaginar a vida sem a pena de morte.

Já a prisão, por outro lado, é encarada como um aspecto inevitável e permanente de nossa vida social. A maioria das pessoas fica bastante surpresa ao saber que o movimento pela abolição das prisões também tem uma longa história, que remonta ao surgimento histórico das prisões como a principal forma de punição. Na verdade, a reação mais natural é presumir que os ativistas prisionais — mesmo aqueles que conscientemente se referem a si mesmos como "ativistas antiprisionais" — desejam apenas melhorar as condições nas prisões ou talvez realizar as reformas mais fundamentais no sistema prisional. Na maioria dos círculos, a abolição das prisões é simplesmente impensável e implausível. Aqueles que defendem o fim das prisões são rejeitados como idealistas e utópicos cujas ideias são, na melhor das hipóteses, pouco realistas e impraticáveis e, na pior delas, ilusórias e tolas. Isso exemplifica como é difícil imaginar uma ordem social que não dependa da ameaça de enclausurar pessoas em lugares terríveis destinados a isolá-las de sua família e de sua comunidade. A prisão é considerada algo tão "natural" que é extremamente difícil imaginar a vida sem ela.

Tenho a esperança de que este livro encoraje os leitores a questionar suas próprias certezas a respeito das prisões. Muitas pessoas já chegaram à conclusão de que a pena de morte é uma forma de punição ultrapassada que viola princípios básicos dos direitos humanos. Está na hora, acredito, de estimular discussões similares a respeito do encarceramento. Durante a minha carreira como ativista antiprisional, vi a população das prisões norte--americanas aumentar com tanta rapidez que muitas pessoas nas comunidades negras, latinas e de nativos americanos, atualmente, estão muito mais propensas a ir para a prisão do que a ter uma educação decente. Quando um grande número de jovens decide se alistar nas forças armadas a fim de escapar da inevitabilidade de uma temporada na prisão, deveríamos nos perguntar se não é hora de tentar oferecer melhores opções.

Discutir se a prisão se tornou uma instituição obsoleta passou a ser algo especialmente urgente diante do fato de que mais de 2 milhões de pessoas (de um total mundial de 9 milhões) atualmente vivem em prisões, cadeias, reformatórios e centros de detenção de imigrantes nos Estados Unidos. Estamos dispostos a relegar um número cada vez maior de pessoas de comunidades racialmente oprimidas a uma existência isolada, marcada por regimes autori-

INTRODUÇÃO

tários, violência, doenças e tecnologias de reclusão que produzem severa instabilidade mental? De acordo com um estudo recente, é possível que haja o dobro de pessoas sofrendo de doenças mentais em cadeias e prisões do que em todos os hospitais psiquiátricos dos Estados Unidos.[1]

Quando comecei a me envolver com o ativismo antiprisional, no fim da década de 1960, fiquei estarrecida ao descobrir que naquela época havia quase 200 mil pessoas na prisão nos Estados Unidos. Se alguém tivesse me dito que em três décadas haveria dez vezes mais, eu teria ficado absolutamente incrédula. Imagino que teria respondido algo como: "Por mais racista e antidemocrático que este país possa ser [lembremos que naquela época as demandas do movimento pelos Direitos Civis ainda não estavam consolidadas], eu não acredito que o governo norte-americano seja capaz de encarcerar tantas pessoas sem provocar uma poderosa resistência pública. Não, isso nunca vai acontecer, a não ser que este país mergulhe no fascismo." Essa provavelmente teria sido a minha reação trinta anos atrás. A realidade é que tivemos que inaugurar o século XXI aceitando o fato de que 2 milhões de pessoas — um grupo mais numeroso do que a população de muitos países — estão vivendo sua vida em lugares como Sing Sing, Leavenworth, San Quentin e o Reformatório Federal para Mulheres de Alderson. A gravidade desses números fica ainda mais evidente quando consideramos que a população dos Estados Unidos representa menos de 5% do total mundial, ao passo que mais de 20% da população carcerária mundial está em território norte-americano. Nas palavras de Elliott Currie, "a prisão se tornou uma presença dominante em nossa sociedade de uma forma sem paralelos em nossa história ou na história de qualquer outra democracia industrial. Exceto pelas grandes guerras, o encarceramento em massa foi o programa social governamental implantado de forma mais abrangente em nosso tempo".[2]

Ao pensar na possível obsolescência do sistema prisional, devemos nos perguntar como tantas pessoas foram parar na prisão sem que houvesse maiores debates sobre a eficácia do encarceramento. Quando, na década de 1980, durante o que ficou conhecido como Era Reagan, houve um esforço para construir mais prisões e encarcerar um número cada vez maior de pessoas, políticos argumentaram que medidas "severas no combate ao crime" — incluindo algumas detenções e penas mais longas — manteriam as comunidades livres da criminalidade. No entanto, a prática do encarceramento em massa durante esse período teve pouco ou nenhum efeito sobre as estatísticas oficiais de criminalidade. Na realidade, o padrão mais óbvio foi que populações carcerárias maiores não levaram a comunidades mais seguras, mas a populações carcerárias ainda maiores. Cada nova prisão se multiplicava em mais uma nova prisão. E conforme o sistema prisional norte-americano se expandia, expandia-se também o envolvimento corporativo na construção, no fornecimento de bens e serviços e no uso da mão de obra prisional. Por causa das vultosas quantias que a construção e a administração de prisões começaram a atrair — da indústria da construção ao fornecimento de alimentos e cuidados médicos —, de uma forma que relembrava o surgimento do complexo industrial-militar, começamos a falar de um "complexo industrial-prisional".[3]

Vejamos, por exemplo, o caso da Califórnia, cuja paisagem foi completamente prisionarizada ao longo dos últimos vinte anos. A primeira prisão estadual da Califórnia foi San Quentin, aberta em 1852.[4] Folsom, outra instituição conhecida, começou a funcionar em 1880. Entre 1880 e 1933, quando uma unidade para mulheres foi aberta em Tehachapi, nem uma única nova prisão foi

INTRODUÇÃO

construída. Em 1952, o Instituto para Mulheres da Califórnia foi inaugurado, e Tehachapi se tornou uma nova prisão para homens. Ao todo, entre 1852 e 1955, nove prisões foram construídas no estado. Entre 1962 e 1965, dois campos foram estabelecidos, junto com o Centro de Reabilitação da Califórnia. Nem uma única prisão foi aberta durante a segunda metade dos anos 1960, tampouco durante toda a década de 1970.

Na década de 1980 — ou seja, durante o mandato de Ronald Reagan —, entretanto, teve início um grande projeto de construção de prisões. Nove, incluindo a Instituição para Mulheres do Norte da Califórnia, foram inauguradas entre 1984 e 1989. Lembremos que a construção das nove primeiras prisões da Califórnia tinha levado mais de cem anos. Em menos de uma década, o número de prisões no estado dobrou. E durante os anos 1990, doze novas foram abertas, incluindo mais duas destinadas a mulheres. Em 1995, a Valley State Prison for Women foi inaugurada. De acordo com sua declaração de objetivos, ela "fornece 1.980 leitos para o superlotado sistema prisional feminino da Califórnia". Entretanto, em 2002, havia 3.570 prisioneiras,[5] e as duas outras prisões femininas do estado estavam igualmente superlotadas.

Atualmente há 33 penitenciárias, 38 campos de detenção, 16 instituições correcionais comunitárias e cinco pequenas instituições para prisioneiras mães na Califórnia. Em 2002, havia 157.979 pessoas encarceradas nessas instituições, incluindo cerca de 20 mil pessoas que o Estado mantinha presas por infrações relacionadas à imigração. A composição racial dessa população carcerária é reveladora. Os latinos, que agora são a maioria, correspondem a 35,2%; os afro-americanos, a 30%; e prisioneiros brancos, a 29,2%.[6] Hoje há mais mulheres presas no estado da Califórnia do que havia em todo o país no início da década de 1970. Na verdade, a Califórnia tem a maior penitenciária feminina do mundo, a Valley State Prison for Women,* com mais de 3.500 internas. Localizada na mesma cidade que a Valley State e literalmente do outro lado da rua, fica a segunda maior prisão para mulheres do mundo — a Central California Women's Facility —, cujo número de detentas em 2002 também girava em torno de 3.500.[7]

Se examinarmos um mapa da Califórnia com a localização das 33 prisões do estado, veremos que a única área que não tem uma alta concentração de instituições prisionais é a região ao norte de Sacramento. Ainda assim, há duas prisões na cidade de Susanville, e a Pelican Bay, uma das conhecidas prisões de segurança supermáxima do estado, fica próxima da divisa com o Oregon. O artista californiano Sandow Birk se inspirou na colonização da paisagem pelas prisões para produzir uma série de 33 pinturas de paisagem retratando essas instituições e seus arredores. Elas estão reunidas em seu livro *Incarcerated: Visions of California in the Twenty-first Century*.[8]

Apresentei essa breve narrativa da prisionarização da paisagem da Califórnia a fim de permitir que os leitores tenham uma ideia de como foi fácil produzir um sistema de encarceramento em grande escala com o consentimento implícito da população. Por que as pessoas presumiram com tanta rapidez que aprisionar uma proporção cada vez maior da população norte-americana ajudaria aqueles que vivem em liberdade a se sentirem mais seguros e mais protegidos? Essa questão pode ser formulada em termos mais gerais. Por que as prisões tendem a fazer com que as pessoas pensem que seus próprios direitos e liberdades estão

---

* Em janeiro de 2013, a Valley State Prison for Women completou a transição para se tornar uma prisão destinada a abrigar criminosos de baixa periculosidade do sexo masculino, passando a se chamar apenas Valley State Prison. (*N. da T.*)

INTRODUÇÃO

mais protegidos do que estariam se elas não existissem? Que outras razões poderia haver para a rapidez com que as prisões começaram a colonizar a paisagem da Califórnia?

A geógrafa Ruth Gilmore descreve a expansão prisional na Califórnia como "uma solução geográfica para problemas socioeconômicos".[9] Sua análise do complexo industrial-prisional californiano descreve esses desdobramentos como uma resposta a excedentes de capital, terra, mão de obra e capacidade estatal.

> As novas prisões californianas estão localizadas, em sua maioria, em terras rurais desvalorizadas; na verdade, no que eram antes hectares de terras agrícolas irrigadas. (...) O estado as comprou de grandes proprietários. E assegurou às pequenas cidades em recessão que agora vivem à sombra de prisões que a nova indústria, não poluente e à prova de crises, impulsionaria a revitalização financeira da região.[10]

No entanto, como salienta Gilmore, nem a criação de empregos nem a revitalização econômica mais geral prometidas pelas prisões aconteceram. Ao mesmo tempo, essa promessa de progresso nos ajuda a compreender por que os legisladores e eleitores da Califórnia decidiram aprovar a construção de todas essas novas penitenciárias. As pessoas queriam acreditar que as prisões não apenas reduziriam a criminalidade, mas também gerariam empregos e estimulariam o desenvolvimento econômico nos lugares mais remotos.

No fundo, há uma questão fundamental: por que consideramos as prisões algo incontestável? Embora uma proporção relativamente pequena da população já tenha vivenciado diretamente as condições de vida dentro de uma prisão, o mesmo não é verdadeiro nas comunidades negras e latinas pobres. Tampouco é em comunidades de nativos americanos ou em certas comunidades de asiático-americanos. No entanto, mesmo entre essas pessoas que lamentavelmente têm de aceitar as sentenças condenatórias — em especial os jovens — como uma dimensão costumeira da vida em comunidade, é pouco admissível se envolver em discussões públicas sérias sobre a vida na prisão ou alternativas radicais ao encarceramento. É como se a prisão fosse um fato inevitável da vida, como o nascimento e a morte.

De modo geral, as pessoas tendem a considerá-las algo natural. É difícil imaginar a vida sem elas. Ao mesmo tempo, há relutância em enfrentar a realidade que se esconde nas prisões, medo de pensar no que acontece dentro delas. Dessa maneira, o cárcere está presente em nossa vida e, ao mesmo tempo, está ausente de nossa vida. Pensar nessa presença e nessa ausência simultâneas é começar a compreender o papel desempenhado pela ideologia em modelar a forma como interagimos com nosso entorno social. Consideramos as prisões algo natural, mas com frequência temos medo de enfrentar as realidades que elas produzem. Afinal, ninguém quer ser preso. Como seria angustiante demais lidar com a possibilidade de que qualquer pessoa, incluindo nós mesmos, pode se tornar um detento, tendemos a pensar na prisão como algo desconectado de nossa vida. Isso é verdade até mesmo para alguns de nós, tanto mulheres quanto homens, que já vivenciaram o encarceramento.

Assim, pensamos na prisão como um destino reservado a outros, um destino reservado aos "malfeitores", para usar um termo popularizado por George W. Bush. Devido ao poder persistente do racismo, "criminosos" e "malfeitores" são, no imaginário coletivo, idealizados como pessoas de cor. A prisão, dessa forma, funciona ideologicamente como um local abstrato no qual os indesejáveis são depositados, livrando-nos da responsabilidade de pensar sobre

INTRODUÇÃO

as verdadeiras questões que afligem essas comunidades das quais os prisioneiros são oriundos em números tão desproporcionais. Esse é o trabalho ideológico que a prisão realiza — ela nos livra da responsabilidade de nos envolver seriamente com os problemas de nossa sociedade, especialmente com aqueles produzidos pelo racismo e, cada vez mais, pelo capitalismo global.

O que, por exemplo, deixamos de enxergar quando tentamos pensar sobre a expansão das prisões sem abordar os desdobramentos econômicos mais amplos? Vivemos em uma era de corporações migrantes. A fim de escapar da mão de obra sindicalizada nos Estados Unidos — e consequentemente de salários maiores, benefícios e assim por diante —, as corporações correm o mundo em busca de países que forneçam mão de obra barata. Essa migração corporativa deixa comunidades inteiras mergulhadas no caos. Um grande número de pessoas perde o emprego e a perspectiva de empregos futuros. Como a base econômica dessas comunidades é destruída, a educação e outros serviços sociais básicos são profundamente afetados. Esse processo torna os homens, mulheres e crianças que vivem nessas comunidades destruídas candidatos perfeitos ao encarceramento.

Nesse ínterim, corporações associadas à indústria da punição lucram com o sistema que administra os prisioneiros e passam a ter claro interesse no crescimento contínuo das populações carcerárias. Para simplificar, estamos na era do complexo industrial-prisional. A prisão se tornou um buraco negro no qual são depositados os detritos do capitalismo contemporâneo. O encarceramento em massa gera lucros enquanto devora a riqueza social, tendendo, dessa forma, a reproduzir justamente as condições que levam as pessoas à prisão. Há, assim, conexões reais e muitas vezes complexas entre a desindustrialização da economia — processo que chegou ao auge na década de 1980 — e

ESTARÃO AS PRISÕES OBSOLETAS?

o aumento do encarceramento em massa, que também começou a se acelerar durante a Era Reagan-Bush. A demanda por mais prisões, porém, foi apresentada ao público em termos simplistas. Mais prisões eram necessárias porque havia mais criminalidade. Contudo, muitos estudiosos demonstraram que, quando o crescimento repentino da construção de prisões teve início, os índices oficiais de criminalidade já estavam caindo. Além disso, leis draconianas de combate às drogas estavam entrando em vigor, e o preceito legal de *"three-strikes"*,* que punia de forma mais severa a reincidência criminal, estava entre as prioridades de muitos estados.

A fim de compreender a proliferação das prisões e a ascensão do complexo industrial-prisional, pode ser útil pensar mais profundamente sobre as razões que tornam tão fácil para nós considerar as prisões algo necessário. Na Califórnia, como vimos, quase dois terços das prisões existentes foram inaugurados durante as décadas de 1980 e 1990. Por que não houve uma grande indignação? Por que houve um grau tão óbvio de conforto diante da perspectiva de tantas novas prisões? Uma resposta parcial a essa questão tem a ver com a maneira pela qual consumimos as imagens das penitenciárias fornecidas pela mídia, ao mesmo tempo que a realidade do encarceramento permanece desconhecida para quase todos os que não tiveram o infortúnio de cumprir pena. A crítica cultural Gina Dent observou que nossa sensação de familiaridade com a prisão deriva em parte das representações das prisões em filmes e outras mídias visuais.

---

* Nos Estados Unidos, as leis denominadas "Three Strikes Laws" punem de maneira especialmente severa os criminosos condenados pela terceira vez (em muitos casos, com prisão perpétua com possibilidade de condicional após o cumprimento de 25 anos de reclusão). (*N. da T.*)

INTRODUÇÃO

A história da visualidade ligada à prisão também é uma das principais formas de reforçar a instituição da prisão como uma parte naturalizada da nossa paisagem social. A história dos filmes sempre esteve conjugada à representação do encarceramento. Os primeiros filmes de Thomas Edison (que remontam à reconstituição de 1901 apresentada como o documentário *Execution of Czolgosz with Panorama of Auburn Prison*) incluíam imagens dos recantos mais obscuros da prisão. A prisão está, portanto, conjugada a nossa experiência de visualidade, criando a noção de sua permanência como instituição. Há também um fluxo constante em Hollywood de filmes de prisão, que na verdade é um gênero.[11]

Alguns dos filmes de prisão mais conhecidos são: *Eu Quero Viver, Papillon, Rebeldia Indomável* e *Fuga de Alcatraz*. Também é importante mencionar que a programação televisiva está cada vez mais saturada de imagens de penitenciárias. Alguns documentários recentes incluem a série *The Big House* do canal A&E, que consiste em programas sobre San Quentin, Alcatraz, Leavenworth e o Reformatório Federal para Mulheres de Alderson. O longevo *Oz*, da HBO, conseguiu persuadir muitos telespectadores de que eles sabem exatamente o que acontece nas prisões de segurança máxima para homens.

Mesmo aqueles que não decidem conscientemente assistir a um documentário ou programa dramatizado sobre o tema inevitavelmente consomem imagens do ambiente prisional, quer queiram quer não, pelo simples fato de assistirem a filmes ou à televisão. É virtualmente impossível não consumir essas imagens. Em 1997, fiquei bastante surpresa ao descobrir, quando entrevistei mulheres em três prisões cubanas, que a maioria delas descrevia seu conhecimento prévio das prisões — quer dizer, de antes de estar de fato encarceradas — como oriundo dos muitos filmes

ESTARÃO AS PRISÕES OBSOLETAS?

de Hollywood a que tinham assistido. A prisão é uma das características mais importantes de nosso ambiente imagético. Isso fez com que considerássemos a existência delas algo natural. A prisão se tornou um ingrediente essencial do nosso senso comum. Ela está lá, à nossa volta. Não questionamos se deveria existir. Ela se tornou uma parte tão fundamental da nossa existência que é necessário um grande esforço de imaginação para visualizar a vida sem elas.

Não se trata de ignorar as profundas mudanças que ocorreram na forma como as discussões públicas sobre a prisão são conduzidas. Dez anos atrás, quando o movimento de expansão do sistema prisional chegou ao ápice, havia pouquíssimas críticas a esse processo disponíveis para o público. Na verdade, a maioria das pessoas não fazia ideia da imensidão dessa expansão. Foi nesse período que mudanças internas — em parte por meio da aplicação de novas tecnologias — levaram o sistema prisional dos Estados Unidos a uma direção muito mais repressiva. Se as classificações anteriores se resumiam a segurança mínima, média e máxima, uma nova categoria foi inventada: a categoria de prisão de segurança supermáxima, ou *supermax*. A guinada em direção a uma maior repressão em um sistema prisional que se distinguiu desde o início de sua história por seus regimes repressivos levou alguns jornalistas, estudiosos e agências progressistas a se opor à dependência crescente desse sistema para resolver problemas sociais que na verdade são exacerbados pelo encarceramento em massa.

Em 1990, o Sentencing Project, sediado em Washington, publicou um estudo sobre as populações norte-americanas em cadeias e penitenciárias, em liberdade condicional ou em liberdade provisória por suspensão condicional da pena, que concluiu que um em cada quatro homens negros com idade entre 20 e 29 anos estava na prisão.[12] Cinco anos mais tarde, um segundo

INTRODUÇÃO

estudo revelou que esse percentual tinha aumentado para quase um em cada três (32,2%). Além disso, mais de um em cada dez homens latinos na mesma faixa etária estavam encarcerados, em liberdade condicional ou em liberdade provisória por suspensão condicional da pena. O segundo estudo também revelou que o grupo em que houve maior aumento foi entre as mulheres negras, cuja taxa de encarceramento aumentou 78%.[13] De acordo com o Departamento de Estatísticas Judiciais, os afro-americanos como um todo agora representam a maioria dos prisioneiros nas prisões estaduais e federais, com um total de 803.400 detentos negros — 118.600 a mais do que o total de detentos brancos.[14] No fim da década de 1990, importantes artigos sobre a expansão das prisões foram publicados nas revistas *Newsweek*, *Harper's*, *Emerge* e *Atlantic Monthly*. Até mesmo Colin Powell levantou a questão do crescente número de homens negros na prisão quando discursou na Convenção Nacional do Partido Republicano, em 2000, durante a qual George W. Bush foi apresentado como candidato à presidência.

Nos últimos anos, a anterior ausência na cena política de posicionamentos críticos em relação à expansão das prisões tem dado lugar a propostas de reforma do sistema prisional. Apesar de o discurso público ter ficado mais flexível, a ênfase recai quase que inevitavelmente na promoção de mudanças que produzam um sistema carcerário *melhor*. Em outras palavras, a maior flexibilidade que permitiu a discussão crítica dos problemas associados à expansão das prisões também restringe essa discussão à questão da reforma prisional.

Por mais importantes que algumas reformas possam ser — a eliminação do abuso sexual e da negligência médica nas prisões femininas, por exemplo —, abordagens que se baseiam exclusivamente em reformas ajudam a reproduzir a ideia absurda de que não há alternativa às prisões. Debates sobre estratégias de desencarceramento, que deveriam ser o ponto principal de nossas discussões sobre a crise do sistema, tendem a ser marginalizados quando a reforma ocupa o palco principal. A questão mais imediata hoje é como prevenir um aumento ainda maior das populações carcerárias e como levar tantos detentos do sexo masculino e do sexo feminino quanto possível de volta para o que os próprios chamam de "o mundo livre". Como podemos descriminalizar o uso de drogas e o comércio de serviços sexuais? Como podemos levar a sério estratégias de justiça reparadora em vez de uma justiça exclusivamente punitiva? Alternativas eficazes envolvem a transformação tanto das técnicas de abordagem do "crime" quanto das condições sociais e econômicas que levam tantos jovens de comunidades pobres, especialmente das comunidades de pessoas de cor, ao sistema correcional juvenil e depois à prisão. O desafio mais difícil e urgente hoje é explorar de maneira criativa novos terrenos para a justiça nos quais a prisão não seja mais nossa principal âncora.

2

Escravidão, direitos civis e perspectivas abolicionistas em relação à prisão

> Defensores do encarceramento (...) acreditavam que as penitenciárias *reabilitariam* os detentos. Enquanto filósofos observavam um estado de guerra incessante entre escravos e seus senhores, criminologistas esperavam negociar uma espécie de tratado de paz dentro dos muros da prisão. Mas aí residia um paradoxo: se o regime interno de uma penitenciária se assemelhava ao de uma *plantation* a ponto de ambas, com frequência, serem equiparadas, como a prisão poderia funcionar para reabilitar os prisioneiros?
>
> — Adam Jay Hirsch[15]

A prisão não é a única instituição que apresenta desafios complexos às pessoas que conviveram com ela e ficaram tão habituadas com a sua presença que não conseguem conceber uma sociedade em que esteja ausente. Na história dos Estados Unidos, o sistema escravocrata vem à mente de imediato. Ainda que já durante a Revolução Americana os defensores do fim da escravidão apoiassem a eliminação da servidão dos africanos, foi preciso quase um século para que se conseguisse abolir a "instituição peculiar". Abolicionistas antiescravagistas brancos como John Brown e William Lloyd Garrison eram retratados na mídia dominante da época como extremistas e fanáticos. Quando Frederick Douglass embarcou em sua carreira como orador antiescravagista, as pessoas brancas — mesmo aquelas que eram ferrenhas abolicionistas — se recusaram a acreditar que um escravo negro pudesse demonstrar tamanha inteligência. A crença na permanência da escravidão era tão difundida que mesmo os abolicionistas brancos achavam difícil imaginar as pessoas negras como iguais.

Foi necessária uma longa e sangrenta guerra civil para extinguir legalmente a "instituição peculiar". Embora a Décima Terceira Emenda à Constituição dos Estados Unidos tenha tornado a servidão involuntária ilegal, a supremacia branca continuou a ser adotada por um imenso número de pessoas, tornando-se profundamente enraizada nas novas instituições. Uma dessas instituições pós-escravidão era o linchamento, amplamente aceito durante muitas décadas após a abolição. Graças ao trabalho de figuras como Ida B. Wells, uma campanha antilinchamento foi gradualmente legitimada durante a primeira metade do século XX. A Associação Nacional para o Progresso de Pessoas de Cor (NAACP, na sigla em inglês), entidade que continua a interpor recursos judiciais contra a discriminação, surgiu desses esforços para abolir o linchamento.

A segregação dominou o Sul dos Estados Unidos até ser banida, um século depois da abolição da escravidão. Muitas pessoas que viveram sob as leis de Jim Crow não conseguiam imaginar um sistema legal definido pela igualdade racial. Quando o governador do Alabama tentou pessoalmente impedir que Autherine Lucy se matriculasse na Universidade do Alabama, sua posição representava a incapacidade de conceber que pessoas negras e brancas pudessem um dia conviver em paz e estudar juntas.

ESCRAVIDÃO, DIREITOS CIVIS E PERSPECTIVAS ABOLICIONISTAS...

"Segregação hoje, segregação amanhã, segregação para sempre" são as palavras mais conhecidas desse político, que foi forçado a repudiá-las alguns anos depois, quando a segregação se provou muito mais vulnerável do que ele poderia ter imaginado.

Apesar de o governo, as corporações e a mídia dominante tentarem apresentar o racismo como uma lamentável aberração do passado relegada ao jazigo da história dos Estados Unidos, ele continua a influenciar profundamente as estruturas, as atitudes e os comportamentos contemporâneos. Ainda assim, qualquer pessoa que ousasse defender a reintrodução da escravidão, a organização de linchamentos ou o restabelecimento da segregação legal seria sumariamente rejeitada. Não podemos esquecer, porém, que os ancestrais de muitos dos mais ardentes liberais* de hoje não seriam capazes de conceber a vida sem a escravidão, sem o linchamento ou sem a segregação. A Conferência Mundial Contra o Racismo, a Discriminação Racial, a Xenofobia e Formas Conexas de Intolerância, realizada em Durban, na África do Sul, em 2001, revelou a imensidão da tarefa global de eliminar o racismo. Pode ser que haja muita discordância a respeito do que é considerado racismo e de quais são as estratégias mais eficazes para combatê-lo. No entanto, especialmente com a queda do regime do *apartheid* na África do Sul, há um consenso global de que ele não pode definir o futuro do planeta.

Mencionei esses exemplos históricos de esforços para eliminar instituições racistas porque eles têm uma relevância considerável para nossa discussão a respeito das prisões e de

---

* Nos Estados Unidos, os liberais estão mais alinhados com um pensamento político de esquerda, em oposição aos conservadores. O Partido Democrata, por exemplo, é liberal, ao passo que o Republicano é majoritariamente conservador. É diferente dos liberais no Brasil, mais associados à direita e à defesa do Estado mínimo. (*N. da T.*)

sua abolição. É verdade que a escravidão, o linchamento e a segregação adquiriram uma natureza ideológica tão potente que muitos, se não a maioria, não previram seu declínio e seu colapso. A escravidão, o linchamento e a segregação certamente são exemplos contundentes de instituições sociais que, como a prisão, um dia foram consideradas tão perenes quanto o sol. Ainda assim, em cada um dos três casos, podemos apontar movimentos que assumiram a postura radical de anunciar a obsolescência dessas instituições. Pode ser útil, para obtermos uma nova perspectiva em relação à prisão, tentarmos imaginar como os debates sobre a obsolescência da escravidão devem ter parecido estranhos e desconfortáveis para aqueles que consideravam a "instituição peculiar" algo natural — e especialmente para aqueles que obtinham benefícios diretos desse pavoroso sistema racista de exploração. E ainda que houvesse grande resistência entre os escravos negros, havia até mesmo alguns dentre eles que acreditavam que eles mesmos e seus descendentes estariam sempre sujeitos à tirania da escravidão.

Mencionei três campanhas pela abolição que acabaram sendo mais ou menos bem-sucedidas em deixar claro que as circunstâncias sociais se transformam e as atitudes populares mudam, em parte em resposta a movimentos sociais organizados. Por outro lado, também evoquei essas campanhas históricas porque todas tinham como alvo alguma expressão do racismo. A escravidão nos Estados Unidos foi um sistema de trabalho forçado que se baseava em ideias e concepções racistas para justificar a relegação das pessoas de descendência africana ao status legal de propriedade. O linchamento foi uma instituição extralegal que entregou milhares de vidas afro-americanas à violência de cruéis turbas racistas. Sob o regime de segregação, os negros eram legalmente declarados cidadãos de segunda classe, para quem os direitos ao voto, ao trabalho, à educação e à moradia eram drasticamente restritos, quando não completamente negados.

Qual é a relação entre essas expressões históricas do racismo e o papel do sistema prisional hoje? Explorar essas conexões pode nos oferecer uma perspectiva diferente do estado atual da indústria da punição. Se já estamos convencidos de que o racismo não pode definir o futuro do planeta e se conseguirmos argumentar com sucesso que as prisões são instituições racistas, isso pode nos levar a encarar com seriedade a perspectiva de declará-las obsoletas.

Por enquanto, estou me concentrando na história do racismo contra negros a fim de deixar claro que a prisão revela formas solidificadas de racismo contra negros que operam de forma clandestina. Em outras palavras, raramente são reconhecidas como racistas. Mas há outras histórias racializadas que também afetaram o desenvolvimento do sistema penal norte-americano — as histórias dos latinos, dos nativos americanos e dos asiático-americanos. Esses racismos também se solidificam e se combinam na prisão. Como estamos acostumados a falar de raça em termos de brancos e negros, muitas vezes deixamos de reconhecer e combater expressões de racismo que têm como alvo pessoas de cor que não são negras. Consideremos as prisões e detenções em massa de pessoas do Oriente Médio, do Sul da Ásia ou de descendência muçulmana no período posterior aos ataques de 11 de setembro de 2001 ao Pentágono e ao World Trade Center.

Isso nos leva a duas importantes questões: as prisões são instituições racistas? O racismo está tão profundamente entranhado na instituição da prisão que não é possível eliminar um sem eliminar o outro? Essas são questões que devemos manter em mente enquanto analisamos as ligações históricas entre a

ESTARÃO AS PRISÕES OBSOLETAS?

escravidão nos Estados Unidos e os primórdios do sistema penitenciário. A penitenciária como instituição que ao mesmo tempo punia e reabilitava seus internos foi um novo sistema de punição que surgiu no país por volta da época da Revolução Americana. Esse novo sistema se baseava na substituição das penas capital e corporal pelo encarceramento.

O aprisionamento em si não era novo nem para os Estados Unidos nem para o restante do mundo, mas, até a criação dessa nova instituição chamada penitenciária, ele servia de prelúdio para a punição. As pessoas que seriam submetidas a alguma forma de castigo corporal ficavam detidas até a execução da pena. Com a penitenciária, o encarceramento se tornou a punição em si. Como está indicado na designação "penitenciária", o aprisionamento era encarado como reabilitador, e a prisão penitenciária foi concebida com o objetivo de proporcionar aos condenados condições de refletir sobre seus crimes e, por meio da penitência, remodelar seus hábitos e até mesmo sua alma. Embora alguns defensores do fim da escravidão tenham se posicionado contra esse novo sistema de punição durante o período revolucionário, a penitenciária foi vista de maneira geral como uma reforma progressista, associada à campanha mais ampla pelos direitos dos cidadãos.

De muitas maneiras, a penitenciária *foi* um enorme avanço em relação às diversas formas de punição capital e corporal herdadas dos ingleses. O argumento de que os prisioneiros iriam se regenerar se tivessem a oportunidade de refletir e trabalhar na solidão e no silêncio, entretanto, desconsiderava o impacto de regimes autoritários de vida e trabalho. Na verdade, havia semelhanças significativas entre a escravidão e a prisão penitenciária. O historiador Adam Jay Hirsch salientou:

ESCRAVIDÃO, DIREITOS CIVIS E PERSPECTIVAS ABOLICIONISTAS...

É possível identificar na penitenciária muitos reflexos da escravidão como era praticada no Sul. Ambas as instituições subordinavam seus sujeitos à vontade de outras pessoas. Como os escravos do Sul, os detentos nas prisões seguiam uma rotina diária especificada por seus superiores. Ambas as instituições reduziam seus sujeitos à dependência de outras pessoas para o fornecimento de serviços humanos básicos como comida e abrigo. Ambas isolavam seus sujeitos da população em geral ao confiná-los em um habitat fixo. E ambas com frequência obrigavam seus sujeitos a trabalhar, muitas vezes por longos períodos e por compensações menores do que as dos trabalhadores livres.[16]

Como Hirsch observou, ambas as instituições empregavam formas similares de punição, e os regulamentos das prisões eram, na realidade, muito similares aos Códigos Negros — as leis que privavam os seres humanos escravizados de praticamente todos os direitos. Além disso, considerava-se que tanto prisioneiros quanto escravos tinham uma propensão acentuada para a criminalidade. As pessoas que cumpriam pena em penitenciárias no Norte, tanto brancas quanto negras, eram representadas popularmente como indivíduos que tinham uma profunda afinidade com negros escravizados.[17]

As ideologias que governavam a escravidão e as que governavam a punição estiveram profundamente ligadas durante o período inicial da história dos Estados Unidos. Enquanto pessoas livres podiam ser legalmente condenadas a cumprir penas de trabalhos forçados, essa sentença não mudava de maneira nenhuma as condições já vivenciadas pelos escravos. Portanto, como Hirsch revela em seguida, Thomas Jefferson, que era a favor de que pessoas condenadas recebessem pena de trabalhos forçados em projetos rodoviários e hídricos, também salientou que os escra-

ESTARÃO AS PRISÕES OBSOLETAS?

vos deveriam ser excluídos desse tipo de punição. Como já eram submetidos a trabalhos forçados, condená-los a uma pena laboral não apresentaria nenhuma diferença em relação a sua condição. Jefferson sugeria, nesse caso, o banimento para outros países.[18]

Nos Estados Unidos em particular, raça sempre desempenhou um papel central na construção de presunções de criminalidade. Depois da abolição, os estados antes escravagistas aprovaram uma nova legislação que revisava os Códigos Escravagistas a fim de regular o comportamento de negros livres de formas similares àquelas que vigoravam durante a escravidão. Os novos Códigos Negros proibiam uma série de ações — como vadiagem, ausência no emprego, quebra de contrato de trabalho, porte de arma de fogo e gestos ou atos ofensivos — que eram criminalizadas apenas quando a pessoa acusada era negra. Com a aprovação da Décima Terceira Emenda à Constituição, a escravidão e a servidão involuntária foram presumidamente abolidas. No entanto, havia uma exceção significativa. Na redação da emenda, a escravidão e a servidão involuntária foram abolidas "exceto como punição por crime, pelo qual a parte deve ter sido justamente condenada". De acordo com os Códigos Negros, havia crimes definidos pela lei estadual pelos quais apenas pessoas negras podiam ser "justamente sentenciadas". Assim, ex-escravos, que tinham acabado de ser libertados de uma condição de trabalho forçado perpétuo, podiam ser legalmente condenados à servidão penal.

Logo após a abolição da escravidão, os estados do Sul se apressaram em desenvolver um sistema de justiça criminal que restringisse legalmente as possibilidades de liberdade para os escravos recém-emancipados. As pessoas negras se tornaram os principais alvos de um sistema em desenvolvimento de arrendamento de condenados, ao qual muitos se referiam como uma reencarnação da escravidão. Os Códigos Negros do Mississippi, por exemplo, declaravam como vadio "qualquer um que fosse culpado de roubo, tivesse fugido [de um emprego, aparentemente], estivesse bêbado, tivesse conduta ou proferisse discurso imoral, tivesse negligenciado o trabalho ou a família, tivesse usado dinheiro de maneira negligente e (...) todas as outras pessoas indolentes e desordeiras".[19] Dessa forma, a vadiagem era codificada como um crime de negros, punível com encarceramento ou trabalho forçado, às vezes nas mesmas *plantations* que antes exploravam o trabalho escravo.

O estudo que Mary Ellen Curtin realizou sobre os detentos do Alabama durante as décadas que se seguiram à emancipação revela que, antes de os 400 mil escravos negros do estado ganharem a liberdade, 99% dos detentos nas penitenciárias do Alabama eram brancos. Como consequência das mudanças provocadas pela instituição dos Códigos Negros, em um curto período de tempo, a esmagadora maioria dos condenados do Alabama era negra.[20] Ela observou ainda:

> Embora a vasta maioria dos presos no Alabama antes da Guerra Civil fosse branca, a percepção popular era de que os verdadeiros criminosos do Sul eram os escravos negros. Durante a década de 1870, o crescente número de prisioneiros negros no Sul sedimentou ainda mais a crença de que os afro-americanos eram inerentemente criminosos e, em particular, inclinados ao furto.[21]

Em 1883, Frederick Douglass já havia escrito sobre a tendência do Sul de "imputar crime a cor".[22] Quando uma infração particularmente ofensiva era cometida, observou ele, não apenas a culpa era com frequência atribuída a uma pessoa negra, não importava a raça do perpetrador, mas homens brancos por vezes tentavam escapar à punição disfarçando-se de negros. Douglass mais tarde narraria um incidente como esse em Granger County, no Tennessee, no qual um homem que aparentava ser negro levou um tiro enquanto cometia um roubo. Descobriu-se, no entanto, que o homem ferido tratava-se de um respeitável cidadão branco que tinha pintado o rosto de preto.

Esse exemplo de Douglass demonstra como a brancura, nas palavras da estudiosa do direito Cheryl Harris, funciona como propriedade.[23] De acordo com Harris, o fato de a identidade branca ser possuída como uma propriedade significava que direitos, liberdades e identidade pessoal eram garantidos às pessoas brancas, enquanto eram negados às pessoas negras. O único acesso dos negros à brancura era "passando" como branco, sendo aceitos como parte da maioria branca. Os comentários de Douglass indicam como esse direito sobre a propriedade da cor branca era facilmente revertido em estratagemas para negar aos negros seu direito a um julgamento justo. É interessante notar que casos similares ao narrado acima por Douglass emergiram nos Estados Unidos durante a década de 1990: em Boston, Charles Stuart assassinou sua mulher grávida e tentou colocar a culpa em um homem negro desconhecido, e em Union, na Carolina do Sul, Susan Smith matou os próprios filhos e alegou que eles tinham sido sequestrados por um assaltante negro. A racialização do crime — a tendência a "imputar crime a cor", para usar as palavras de Frederick Douglass — não diminuiu conforme o país foi se livrando da escravidão. Uma prova de que crime continua a ser imputado a cor está nas muitas evocações de "perfil racial" em nosso tempo. É fato que é possível se tornar alvo da polícia por nenhuma outra razão além da cor da pele. Departamentos de polícia em grandes áreas urbanas admitiram a existência de procedimentos formais destinados a maximizar o número de afro-americanos e latinos detidos — mesmo na ausência de causa provável. No período

ESCRAVIDÃO, DIREITOS CIVIS E PERSPECTIVAS ABOLICIONISTAS...

que sucedeu aos ataques de 11 de setembro, um grande número de pessoas cujas origens remontavam ao Oriente Médio ou ao Sul da Ásia foi preso ou detido pela agência policial conhecida como Serviço de Imigração e Naturalização (INS, na sigla em inglês). O INS é a agência federal com o maior número de agentes armados, mais até mesmo do que o FBI.[24]

No período pós-escravidão, conforme as pessoas negras foram sendo integradas aos sistemas penais do Sul — e conforme o sistema penal foi se tornando um sistema de servidão penal —, as punições associadas à escravidão foram ainda mais incorporadas ao sistema penal. "Chibatadas", como observou Matthew Mancini, "eram a forma preeminente de punição durante a escravidão; e o chicote, junto com as correntes, se tornou o emblema da servidão para escravos e prisioneiros".[25] Como indicado anteriormente, as pessoas negras eram aprisionadas em cumprimento das leis reunidas nos vários Códigos Negros dos estados sulistas, que, por serem rearticulações dos Códigos Escravagistas, tendiam a racializar a punição e ligá-la intimamente a regimes anteriores de escravidão. A expansão do sistema de arrendamento de condenados e dos grupos de prisioneiros acorrentados realizando trabalhos forçados nos condados significava que o sistema de justiça criminal do período pré-guerra civil, que se concentrava com muito mais intensidade em pessoas negras do que em pessoas brancas, definia a justiça criminal sulista, essencialmente, como uma maneira de controlar a força de trabalho negra. De acordo com Mancini:

> Entre os múltiplos legados debilitantes da escravidão estava a convicção de que os negros só podiam trabalhar de uma determinada maneira — da maneira que a experiência tinha mostrado que eles trabalhavam no passado: em grupo, sujeitos a supervisão constante e sob a disciplina de um chicote. Como esses eram os requisitos

ESTARÃO AS PRISÕES OBSOLETAS?

da escravidão, e como os escravos eram negros, os brancos do Sul concluíam de maneira quase universal que os negros não eram capazes de trabalhar a não ser que estivessem submetidos a essa supervisão e disciplina intensas.[26]

Estudiosos que analisaram o sistema de arrendamento de condenados salientam que, em diversos aspectos importantes, este era muito pior do que a escravidão, o que pode ser inferido de títulos como *One Dies, Get Another* [Morreu um, arrume outro] (de Mancini), *Worse Than Slavery* [Pior do que a escravidão] (obra de David Oshinsky sobre a Prisão de Parchman),[27] e *Twice the Work of Free Labor* [Duas vezes o trabalho de um empregado livre] (análise realizada por Alex Lichtenstein sobre a economia política do arrendamento de condenados).[28] Os proprietários de escravos podiam se preocupar com a sobrevivência de cada um dos escravos, que, afinal, representavam investimentos consideráveis. Os condenados, por outro lado, eram arrendados não como indivíduos, mas como um grupo, e podiam ser obrigados a trabalhar literalmente até a morte sem afetar a lucratividade de uma equipe.

De acordo com descrições de contemporâneos, as condições nas quais os condenados arrendados e os grupos de condenados acorrentados realizando trabalhos forçados viviam eram muito piores do que aquelas nas quais os negros viviam quando eram escravos. Os registros das *plantations* no delta do Yazoo, no Mississippi, no fim da década de 1880 indicam que

> os prisioneiros comiam e dormiam no chão, sem lençóis nem colchões, e muitas vezes sem roupa. Eram punidos por "lentidão no trabalho com a enxada" (dez chibatadas), "plantio ruim" (cinco chibatadas) e "ir devagar com o algodão" (cinco chibatadas).

ESCRAVIDÃO, DIREITOS CIVIS E PERSPECTIVAS ABOLICIONISTAS...

Os que tentavam fugir eram açoitados "até o sangue escorrer por suas pernas"; outros tinham uma espora de metal cravada nos pés. Condenados sucumbiam de exaustão, pneumonia, malária, ulcerações produzidas pelo frio, tuberculose, insolação, disenteria, ferimentos a bala e "envenenamento por correntes" (as feridas resultantes do constante roçar das correntes e dos ferros nas pernas contra a pele nua).[29]

O tratamento atroz ao qual os condenados eram submetidos no sistema de arrendamento repetia e estendia ainda mais os regimes da escravidão. Se, como Adam Jay Hirsch afirma, as primeiras encarnações da penitenciária norte-americana no Norte tendiam a espelhar a instituição da escravidão em muitos aspectos importantes, a evolução do sistema de punição pós-Guerra Civil foi de formas muito literais a continuação de um sistema escravagista, que não era mais legal no mundo "livre". A população de detentos, cuja composição racial foi dramaticamente transformada pela abolição da escravidão, podia ser submetida a essa intensa exploração e a modos de punição tão horrendos precisamente porque eles continuavam a ser encarados como escravos.

A historiadora Mary Ann Curtin observou que muitos estudiosos que reconheceram o racismo profundamente entranhado nas estruturas de punição do pós-Guerra Civil no Sul não identificaram como esse racismo adulterava a compreensão do senso comum a respeito das circunstâncias que envolviam a criminalização indiscriminada de comunidades negras. Até mesmo historiadores antirracistas, afirma ela, não vão longe o bastante ao examinar as formas pelas quais as pessoas negras eram transformadas em criminosas. Eles observam — e isso, segundo ela, é parcialmente verdadeiro — que, no período logo após a emancipação, um grande número de negros foi forçado, por sua nova situação social, a roubar para sobreviver. Foi a transformação dos pequenos furtos em delito grave que relegou um número substancial de negros à "servidão involuntária" legalizada pela Décima Terceira Emenda. O que Curtin sugere é que essas acusações de roubo eram com frequência inteiramente forjadas. Elas "também serviam de subterfúgio para vinganças políticas. Depois da emancipação, os tribunais se tornaram o lugar ideal para exercer a retaliação racial".[30] Nesse sentido, a atuação do sistema de justiça criminal estava intimamente relacionada com a atividade extralegal do linchamento.

Alex Lichtenstein, cujo estudo foca no papel do sistema de arrendamento de condenados em forjar uma nova força de trabalho para o Sul, identifica-o, assim como as novas leis de Jim Crow, como a instituição central no desenvolvimento de um Estado racial.

> Na Geórgia e em outros lugares, os novos capitalistas do Sul podiam usar o Estado para recrutar e disciplinar uma força de trabalho formada por detentos e dessa forma desenvolver os recursos de seus estados sem criar uma força de trabalho remunerada e sem enfraquecer o controle que os proprietários de *plantations* tinham sobre a mão de obra negra. Na verdade, era exatamente o oposto: o sistema penal podia ser usado como uma poderosa sanção contra os negros do campo que desafiavam a ordem racial da qual o controle da mão de obra agrária dependia.[31]

Lichtenstein revela, por exemplo, quanto a construção das estradas da Geórgia durante o século XIX dependeu do trabalho de negros condenados. Ele nos lembra ainda de que, quando dirigimos pela rua mais famosa de Atlanta — a Peachtree Street —, estamos

ESCRAVIDÃO, DIREITOS CIVIS E PERSPECTIVAS ABOLICIONISTAS...

passando de carro sobre as costas dos condenados: "[A] renomada Peachtree Street e o resto das ruas bem-pavimentadas e da moderna infraestrutura de transporte de Atlanta, que ajudaram a cimentar seu lugar como o centro comercial do Sul moderno, foram construídas por detentos."[32]

O principal argumento de Lichtenstein é que o arrendamento de condenados não era uma regressão irracional; não era primariamente um retrocesso aos modos pré-capitalistas de produção. Na verdade, era um emprego mais eficiente e mais racional de estratégias racistas para realizar rapidamente a industrialização do Sul. Nesse sentido, ele argumenta, "o trabalho dos condenados estava de muitas maneiras na vanguarda dos primeiros ambivalentes e inseguros passos da região em direção à modernidade".[33]

Aqueles de nós que tiveram a oportunidade de visitar mansões do século XIX construídas originalmente em *plantations* escravagistas raramente sentem-se confortáveis com o elogio estético dessas estruturas, não importa quão belas sejam. Imagens suficientes das agruras dos escravos negros circulam entre nós para que imaginemos a brutalidade que se esconde sob a superfície dessas maravilhosas mansões. Aprendemos a reconhecer o papel do trabalho escravo, assim como o racismo que ele representa. No entanto, o trabalho de detentos negros continua a ser uma dimensão oculta da nossa história. É extremamente inquietante pensar que áreas urbanas modernas e industrializadas foram originalmente construídas sob as condições de trabalho racistas da servidão penal, que são com frequência descritas por historiadores como ainda piores do que a escravidão.

Cresci na cidade de Birmingham, no estado do Alabama. Por causa de suas minas — de carvão e minério de ferro — e de suas siderúrgicas, que permaneceram em atividade até o processo de desindustrialização da década de 1980, a cidade era conhecida como "a Pittsburgh do Sul". Os pais de muitos dos meus amigos trabalhavam nessas minas e usinas. Apenas recentemente descobri que os mineiros e metalúrgicos negros que conheci durante a minha infância herdaram seu lugar no desenvolvimento industrial de Birmingham dos detentos negros forçados a executar esse trabalho sob o sistema de arrendamento. Como Curtin observa,

> muitos ex-prisioneiros se tornaram mineiros porque o estado do Alabama usava amplamente o trabalho de detentos em suas minas de carvão. Em 1888, todos os prisioneiros do sexo masculino e em boas condições físicas do Alabama estavam arrendados para duas das principais companhias de mineração: a Tennessee Coal and Iron Company (TCI) e a Sloss Iron and Steel Company. Por uma taxa de até 18,50 dólares por mês por homem, essas corporações "arrendavam" ou alugavam mão de obra carcerária e a empregavam nas minas de carvão.[34]

Tomar conhecimento dessa dimensão tão pouco conhecida da história dos negros e do trabalho me fez reavaliar as experiências da minha própria infância.

Um dos muitos artifícios de que o racismo lança mão é o apagamento virtual das contribuições históricas das pessoas de cor. Nos Estados Unidos temos um sistema penal que foi racista em muitos aspectos — prisões e sentenças, condições de trabalho e modos de punição discriminatórios — associado ao apagamento racista das importantes contribuições dadas pelos condenados negros como resultado da coerção racial. Assim como é difícil imaginar quanto devemos aos condenados relegados à servidão penal durante os séculos XIX e XX, é difícil hoje sentirmos uma conexão com os prisioneiros que produzem um crescente número de bens que consideramos uma parte natural de nossa vida diária.

No estado da Califórnia, universidades e faculdades públicas usam mobiliário produzido por prisioneiros, a vasta maioria dos quais é de latinos e negros.

Há aspectos de nossa história que precisamos questionar e repensar, e cujo reconhecimento pode nos ajudar a adotar posturas mais complexas e críticas em relação ao presente e ao futuro. Eu me concentrei no trabalho de alguns estudiosos cuja obra nos instiga a levantar questões sobre o passado, o presente e o futuro. Curtin, por exemplo, não fica satisfeita em apenas nos oferecer a possibilidade de reexaminar o papel da mineração e da metalurgia na vida das pessoas negras no Alabama. Ela também usa sua pesquisa para nos fazer pensar sobre os inquietantes paralelos entre o sistema de arrendamento de condenados no século XIX e a privatização das prisões no século XXI.

> No fim do século XIX, as mineradoras de carvão desejavam manter seus funcionários detentos qualificados pelo máximo de tempo possível, o que levou à negação de "penas mínimas". Hoje, um incentivo econômico ligeiramente diferente pode levar a consequências similares. A CCA [Corporação de Correção da América] recebe por prisioneiro. Se o suprimento acaba ou prisioneiros demais são libertados cedo demais, seu lucro é afetado (...) Penas mais longas significam lucros maiores, mas o ponto principal é que o lucro promove a expansão do encarceramento.[35]

A persistência da prisão como a principal forma de punição, com suas dimensões racistas e sexistas, criou essa continuidade histórica entre o sistema de arrendamento de prisioneiros do século XIX e início do século XX e o atual negócio da privatização das prisões. Apesar de o sistema de arrendamento de condenados ter sido legalmente abolido, suas estruturas de exploração res-

ESTARÃO AS PRISÕES OBSOLETAS?

surgiram nos padrões da privatização e, de maneira mais geral, na ampla corporativização da punição que produziu o complexo industrial-prisional. Se a prisão continuar a dominar a paisagem da punição ao longo deste século e do próximo, o que estará reservado a gerações de afro-americanos, latinos, nativos americanos e asiático-americanos? Considerando os paralelos entre a prisão e a escravidão, pode ser um exercício produtivo especular sobre como seria o presente se a escravidão ou seu sucessor, o sistema de arrendamento de prisioneiros, não tivessem sido abolidos.

Não estou sugerindo que a abolição da escravidão e do sistema de arrendamento tenha produzido uma era de igualdade e justiça. Ao contrário, o racismo define furtivamente estruturas sociais e econômicas de maneiras difíceis de identificar e, portanto, muito mais prejudiciais. Em alguns estados, por exemplo, mais de um terço dos homens negros foram rotulados de criminosos. No Alabama e na Flórida, uma vez criminoso, sempre criminoso, o que implica a perda do status de cidadão detentor de direitos. Uma das graves consequências do poderoso alcance da prisão foi a eleição de George W. Bush como presidente dos Estados Unidos em 2000. Se os homens e mulheres negros que tiveram o direito ao voto negado por causa de um delito comprovado ou presumido tivessem podido comparecer às urnas, Bush não estaria na Casa Branca hoje.* E talvez não estivéssemos lidando com os terríveis custos de uma Guerra contra o Terror declarada durante o primeiro ano de sua administração. Se não fosse por sua eleição, as pessoas no Iraque não teriam enfrentado a morte, a destruição e a poluição ambiental provocadas pelas forças militares norte-americanas.

---

* Observação feita em 2003, quando George W. Bush ainda estava no cargo de presidente. (*N. da T.*)

Por mais aterradora que a atual situação política possa ser, imaginemos o que nossas vidas teriam se tornado se ainda estivéssemos lutando contra a escravidão — ou o sistema de arrendamento de prisioneiros ou a segregação racial. No entanto, não é necessário especular sobre viver com as consequências da prisão. Há evidências mais do que suficientes na vida dos homens e mulheres que se viram nas mãos de instituições cada vez mais repressivas e que tiveram o acesso à família, à comunidade, às oportunidades educacionais, ao trabalho produtivo e criativo e aos lazeres mental e físico negado. E há evidências ainda mais contundentes do prejuízo causado pela expansão do sistema prisional nas escolas localizadas em comunidades pobres e de cor que replicam as estruturas e os regimes da prisão. Quando crianças frequentam escolas que valorizam mais a disciplina e a segurança do que o conhecimento e o desenvolvimento intelectual, estão frequentando instituições que as preparam para a prisão. Se essa é a difícil situação que enfrentamos hoje, o que reservará o futuro se o sistema prisional tiver uma presença ainda maior na nossa sociedade? No século XIX, ativistas abolicionistas insistiam que, enquanto a escravidão continuasse, o futuro da democracia seria realmente sombrio. No século XXI, ativistas antiprisionais insistem que um dos requisitos fundamentais para a revitalização da democracia é a abolição mais do que urgente do sistema prisional.

3

Aprisionamento e reforma

> Devemos lembrar que o movimento para reformar as prisões, para controlar seu funcionamento, não é um fenômeno tardio. Não parece nem mesmo ter se originado de um reconhecimento de fracasso. A "reforma" prisional é mais ou menos contemporânea a própria prisão: constitui, por assim dizer, seu programa.
>
> Michel Foucault[36]

É irônico que a prisão tenha sido um produto de esforços coordenados de reformadores no sentido de criar um melhor sistema de punição. Se as palavras "reforma prisional" saem com tanta facilidade de nossos lábios, é porque "prisão" e "reforma" estão indissociavelmente ligadas desde o início do emprego do encarceramento como o principal meio de punir aqueles que violam as normas sociais. Como já indiquei, as origens da prisão remontam à Revolução Americana e, portanto, à resistência ao poder colonial britânico. Hoje isso parece irônico, mas o encarceramento em uma penitenciária era considerado algo humano — ou pelo menos muito mais humano do que as punições corporais e capitais herdadas da Inglaterra e de outros países europeus. Foucault abre seu estudo *Vigiar e punir: nascimento da prisão* com a descrição de uma execução em Paris no ano de 1757. O homem condenado à morte foi submetido antes a uma série de terríveis torturas ordenadas pelo tribunal. Tenazes incandescentes foram usadas para queimar a pele dos membros, e chumbo derretido, óleo fervente, resina e outras substâncias foram fundidas e derramadas sobre os ferimentos. Por fim, ele foi arrastado e esquartejado, seu corpo, queimado, e as cinzas, jogadas ao vento.[37] De acordo com a *common law* inglesa, os condenados por sodomia eram enterrados vivos, e hereges também eram queimados vivos. "O crime de traição por parte de uma mulher inicialmente era punido, de acordo com a *common law*, queimando a ré viva. No ano de 1790, esse método foi abolido, e a punição passou a ser estrangulamento e cremação do cadáver."[38]

Reformadores europeus e americanos se empenharam em pôr fim a punições macabras como essas, assim como a outras formas de castigo corporal, como troncos e pelourinhos, açoitamentos, marcação com ferro quente e amputações. Antes de surgir o encarceramento, essas punições eram destinadas a surtir seu efeito mais profundo não tanto na pessoa punida, mas na multidão de espectadores. A punição era, em essência, um espetáculo público. Reformadores como John Howard, na Inglaterra, e Benjamin Rush, na Pensilvânia, argumentavam que a punição — quando acontecia de maneira isolada, atrás dos muros da prisão — deixaria de ser uma retaliação e de fato reformaria aqueles que infringiam a lei.

Também é preciso salientar que a punição não deixava de ter dimensões de gênero. As mulheres eram punidas com frequência no domínio doméstico, e instrumentos de tortura eram por vezes importados por autoridades para dentro do lar. Na Inglaterra do século XVII, mulheres consideradas irascíveis e

APRISIONAMENTO E REFORMA

refratárias ao domínio masculino pelo marido eram punidas com uma "mordaça", espécie de aro que envolvia a cabeça com uma corrente presa a ele e uma haste de ferro que era introduzida na boca da mulher.[39] Embora o amordaçamento de mulheres estivesse muitas vezes associado a um desfile público, esse instrumento era por vezes preso a uma das paredes da casa, onde a mulher punida permanecia até que seu marido decidisse libertá-la. Menciono essas formas de punição infligidas à mulher porque, como as impostas aos escravos, raramente eram abordadas pelos reformadores do sistema prisional.

Outros modos de punição que antecederam a ascensão da prisão incluem o banimento, o trabalho forçado em galés, o degredo e o confisco das propriedades do acusado. O degredo punitivo de um grande número de pessoas da Inglaterra, por exemplo, facilitou a colonização inicial da Austrália. Condenados ingleses desterrados também se instalaram na colônia norte-americana da Geórgia. Durante o início dos anos 1700, um em cada oito condenados degredados era mulher, e o trabalho que eram obrigadas a realizar muitas vezes consistia em prostituição.[40]

O encarceramento não foi empregado como a principal forma de punição até o século XVIII na Europa e o século XIX nos Estados Unidos. E sistemas prisionais europeus foram instituídos na Ásia e na África como um importante componente do domínio colonial. Na Índia, por exemplo, o sistema prisional inglês foi introduzido durante a segunda metade do século XVIII, quando prisões foram estabelecidas nas regiões de Calcutá e Madras. Na Europa, o movimento contra penas capitais e outras punições corporais refletiu novas tendências intelectuais associadas ao Iluminismo, intervenções ativistas de reformadores protestantes e transformações estruturais associadas à ascensão do capitalismo industrial. Em Milão, em 1764, Cesare Beccaria publicou seu *Dos delitos e das penas*,[41] fortemente influenciado pelas noções de igualdade promovidas por filósofos — especialmente Voltaire, Rousseau e Montesquieu. Beccaria argumentava que a punição jamais deveria ser uma questão privada, tampouco arbitrariamente violenta; em vez disso, deveria ser pública, rápida e tão leniente quanto possível. Revelava a contradição do que era na época uma característica distintiva do aprisionamento: o fato de ele, de maneira geral, ser imposto antes de a culpa ou a inocência do réu ser decidida.

O encarceramento, entretanto, acabou por se tornar a pena em si, fazendo surgir uma distinção entre o aprisionamento como punição e a detenção antes do julgamento ou até a aplicação da pena. O processo por meio do qual o encarceramento se tornou a maneira primária de punição imposta pelo Estado estava intimamente relacionado à ascensão do capitalismo e ao surgimento de um novo conjunto de condições ideológicas. Essas novas condições refletiram a ascensão da burguesia como a classe social cujos interesses e aspirações patrocinaram novas ideias científicas, filosóficas, culturais e populares. É, portanto, importante compreender que a prisão como a conhecemos não surgiu no palco histórico como a forma suprema e definitiva de punição. Foi simplesmente — embora não devamos subestimar a complexidade desse processo — o que fazia mais sentido em determinado momento da história. Deveríamos, portanto, nos perguntar se um sistema que estava intimamente relacionado com um conjunto específico de circunstâncias que predominaram durante os séculos XVIII e XIX pode continuar reinando absoluto no século XXI.

É importante, nesse ponto de nossa análise, reconhecer a mudança radical na percepção social do indivíduo que surgiu nas ideias daquela época. Com a ascensão da burguesia, o indivíduo passou a ser visto como titular de direitos e liberdades formais. A noção dos direitos e das liberdades inalienáveis do indivíduo foi imortalizada nas revoluções Francesa e Americana. Os lemas *"Liberté, Egalité, Fraternité"*, da Revolução Francesa, e "Consideramos estas verdades evidentes em si mesmas: todos os homens são criados iguais...", da Revolução Americana, eram ideias novas e radicais, ainda que não se estendessem às mulheres, aos trabalhadores, aos africanos e aos índios. Antes da aceitação do caráter sagrado dos direitos individuais, o encarceramento não poderia ser concebido como punição. Se o indivíduo não era reconhecido como detentor de direitos e liberdades inalienáveis, então a alienação desses direitos e liberdades por meio do isolamento da sociedade em um espaço governado de forma tirânica pelo Estado não faria sentido. O banimento para além dos limites geográficos da cidade poderia fazer sentido, mas não a alteração do status legal do indivíduo por meio da imposição de uma pena de encarceramento.

Além disso, essa pena, que é sempre computada em termos de tempo, está relacionada a uma quantificação abstrata, evocando a ascensão da ciência e ao que com frequência nos referimos como a Era da Razão. Devemos ter em mente que esse foi precisamente o período histórico durante o qual o valor do trabalho começou a ser calculado em termos de tempo e, portanto, compensado de outra maneira quantificável: com dinheiro. A computabilidade da punição estatal em termos de tempo — dias, meses, anos — ecoa o papel da hora de trabalho como base para computar o valor das *commodities* capitalistas. Teóricos marxistas da punição observaram que o período histórico durante o qual a *commodity* surgiu foi precisamente a época em que as sentenças de prisão emergiram como a forma primária de punição.[42]

Hoje, o crescente movimento social de contestação da supremacia do capital global é uma corrente que desafia diretamente

ESTARÃO AS PRISÕES OBSOLETAS?

o domínio do planeta — de suas populações humanas, animais e vegetais, assim como de seus recursos naturais — por corporações que estão especialmente interessadas no crescimento da produção e da circulação de *commodities* cada vez mais rentáveis. É um desafio à supremacia da *commodity*, uma crescente resistência à tendência contemporânea de transformar cada aspecto da existência planetária em um produto. A questão que precisamos considerar é se essa nova oposição à globalização capitalista também deve incorporar a oposição à prisão.

Até agora, usei majoritariamente uma linguagem neutra em termos de gênero para descrever o desenvolvimento histórico da prisão e seus reformadores. Mas os condenados punidos com o aprisionamento em sistemas penitenciários emergentes eram sobretudo homens. Isso refletia a estrutura profundamente influenciada pelo gênero dos direitos econômicos, políticos e legais. Como o status público de indivíduos detentores de direitos era amplamente negado às mulheres, elas não podiam ser punidas com a privação desses direitos por meio do encarceramento.[43] Isso era especialmente verdadeiro no que dizia respeito às mulheres casadas, que não tinham direitos perante a lei. De acordo com a *common law* inglesa, o casamento resultava em um estado de "morte civil", simbolizado pela adoção do sobrenome do marido pela mulher. Consequentemente, ela tendia a ser punida por se rebelar contra seus deveres domésticos em vez de por falhar em suas escassas responsabilidades públicas. O fato de as mulheres brancas serem relegadas à economia doméstica impediu que desempenhassem um papel significativo no reino emergente das *commodities*. Isso era ainda mais verdadeiro quando se considerava que o trabalho assalariado era tipicamente destinado a indivíduos brancos do sexo masculino. Não é fortuito que as punições corporais domésticas aplicadas a mulheres tenham

APRISIONAMENTO E REFORMA

sobrevivido por muito tempo depois de esses modos de punição terem se tornado obsoletos para os homens (brancos). A persistência da violência doméstica é uma evidência dolorosa desses modos históricos de punição por gênero.

Alguns estudiosos argumentaram que a palavra "penitenciária" pode ter sido usada primeiro em conexão com projetos elaborados na Inglaterra em 1758 para abrigar "prostitutas arrependidas", ou "penitentes". Em 1777, John Howard, o principal protestante defensor da reforma penal na Inglaterra, publicou *The State of the Prisons* [O estado das prisões],[44] no qual conceituava o aprisionamento como uma ocasião de autorreflexão religiosa e autorreforma. Entre 1787 e 1791, o filósofo utilitarista Jeremy Bentham publicou suas cartas sobre um modelo de prisão que ele chamou de panóptico.[45] Bentham afirmava que os criminosos só poderiam internalizar hábitos de trabalho produtivos se estivessem sob constante supervisão. De acordo com seu modelo de panóptico, os prisioneiros deveriam ficar em celas individuais em andares circulares, todas voltadas para uma torre de guarda de vários níveis. Por meio de persianas e de um complicado jogo de luz e sombra, os prisioneiros — que não poderiam ver uns aos outros — não conseguiriam enxergar o carcereiro. De seu lugar privilegiado, por outro lado, o carcereiro seria capaz de ver todos os prisioneiros. Contudo — e esse era o aspecto mais importante do gigantesco panóptico de Bentham —, como os prisioneiros nunca seriam capazes de determinar para onde o carcereiro estava olhando, todos se sentiriam compelidos a agir, ou seja, a trabalhar como se estivessem sendo vigiados o tempo todo.

Se combinarmos a ênfase dada por Howard à autorreflexão disciplinada com as ideias de Bentham no que diz respeito à tecnologia de internalização projetada para introduzir a vigilância e a disciplina na esfera de ação de cada prisioneiro, poderemos co-

ESTARÃO AS PRISÕES OBSOLETAS?

meçar a enxergar como esse conceito da prisão tinha implicações abrangentes. As condições de possibilidade dessa nova forma de punição estavam fortemente ancoradas em uma época histórica durante a qual a classe trabalhadora precisava ser constituída como um exército de indivíduos autodisciplinados capazes de realizar o trabalho industrial necessário para o sistema capitalista em desenvolvimento.

As ideias de John Howard foram incorporadas no Penitentiary Act de 1799, que abriu o caminho para a prisão moderna. Enquanto as ideias de Jeremy Bentham influenciaram a criação da primeira penitenciária nacional da Inglaterra, localizada em Millbank e inaugurada em 1816, a primeira tentativa completa de criar uma prisão panóptica foi nos Estados Unidos. A penitenciária Western State, em Pittsburgh, baseada em um modelo arquitetônico revisado do panóptico, foi inaugurada em 1826. A penitenciária em si, no entanto, já havia surgido nos Estados Unidos. A cadeia de Walnut Street, na Pensilvânia, abrigou a primeira penitenciária estadual do país quando uma parte das instalações foi convertida, em 1790, de uma unidade de detenção em uma instituição para abrigar condenados cujas sentenças de prisão se tornaram ao mesmo tempo punição e oportunidade de penitência e reforma.

O regime austero da Walnut Street — isolamento completo em celas individuais onde os prisioneiros viviam, comiam, trabalhavam, liam a Bíblia (caso fossem alfabetizados) e supostamente refletiam e se arrependiam — ficou conhecido como sistema pensilvânico. Esse regime constituiu um dos dois principais modelos de encarceramento da época. Embora o outro modelo, desenvolvido em Auburn, Nova York, fosse visto como um rival, as bases filosóficas de ambos não diferiam muito. O modelo pensilvânico, que acabou

APRISIONAMENTO E REFORMA

por se cristalizar na penitenciária de Eastern State, em Cherry Hill — cujos planos de construção foram aprovados em 1821 —, enfatizava o isolamento completo, o silêncio e a solidão, enquanto o modelo auburniano preconizava celas individuais, mas trabalho em grupo. Esse modelo de trabalho prisional, chamado de congregado, deveria ser realizado no mais completo silêncio. Os prisioneiros podiam permanecer juntos enquanto trabalhavam, mas com a condição de não se comunicarem. Por causa de suas práticas de trabalho mais eficientes, o modelo auburniano acabou se tornando dominante, tanto nos Estados Unidos quanto na Europa.

Por que os reformadores dos séculos XVIII e XIX se empenhariam tanto em criar condições de punição baseadas no confinamento solitário? Hoje, exceto pela pena de morte, o confinamento solitário — assim como a tortura, ou como uma forma de tortura — é considerado a pior forma de punição imaginável. Naquela época, no entanto, acreditava-se que tinha um efeito emancipador. O corpo era colocado em condições de segregação e solidão a fim de permitir que a alma florescesse. Não é acidental que a maioria dos reformadores da época fosse profundamente religiosa e, portanto, visse a arquitetura e os regimes da penitenciária como algo que emulava a arquitetura e o regime da vida monástica. Ainda assim, observadores da nova penitenciária enxergaram, desde cedo, o verdadeiro potencial para a insanidade no confinamento solitário. Em uma passagem muito citada de suas *American Notes*, Charles Dickens iniciou uma descrição da visita que fez em 1842 à Eastern State com a observação de que "o sistema aqui é o rígido, severo e desesperador confinamento solitário. Considero isso, por seus efeitos, cruel e errado".

Em suas intenções, estou bastante convencido de que ele é bom, humano e destinado à regeneração; mas estou persuadido de que aqueles que elaboraram esse sistema de Disciplina Prisional, e os cavalheiros benevolentes que o colocam em prática, não sabem o que estão fazendo. Acredito que pouquíssimos homens são capazes de estimar a imensa quantidade de tortura e sofrimento que essa terrível punição, prolongada por anos, inflige a quem é vítima dela (...). Estou cada vez mais convencido de que há um martírio profundo e pavoroso nisso que ninguém além das próprias vítimas pode imaginar, e que nenhum homem tem o direito de infligir a seus semelhantes. Considero essa manipulação lenta e diária dos mistérios da mente infinitamente pior do que qualquer tortura imposta ao corpo (...) porque suas feridas não ficam na superfície, e arranca gritos que os ouvidos humanos não são capazes de ouvir; portanto eu a denuncio, como uma punição secreta que a humanidade adormecida não despertou para deter.[46]

Diferente de outros europeus, como Alexis de Tocqueville e Gustave de Beaumont, que acreditavam que esse tipo de punição resultaria em uma renovação moral e dessa forma transformaria os detentos em cidadãos melhores,[47] na opinião de Dickens "[a] queles que foram submetidos a essa punição SEM DÚVIDA voltarão à sociedade moralmente insalubres e doentes".[48] Essa primeira crítica à penitenciária e a seu regime de encarceramento solitário abala a ideia de que o aprisionamento é a forma mais adequada de punição para uma sociedade democrática.

A atual construção e expansão de prisões federais e estaduais de segurança supermáxima, cujo suposto propósito seria lidar com problemas disciplinares dentro do sistema penal, se baseia na concepção histórica da penitenciária, considerada na época a forma mais progressista de punição. Hoje, afro-americanos e latinos estão amplamente sobrerrepresentados nessas prisões e unidades de controle de segurança supermáxima, a primeira das quais surgiu quando as autoridades correcionais federais começaram a mandar prisioneiros considerados "perigosos" para a prisão federal de Marion, no estado de Illinois. Em 1983, toda a prisão estava "em isolamento", o que significava que os prisioneiros ficavam confinados em suas celas 23 horas por dia. Esse isolamento se tornou permanente, fornecendo assim o modelo geral de unidade de controle e prisão de segurança supermáxima.[49] Hoje, há aproximadamente sessenta prisões federais e estaduais de segurança supermáxima localizadas em 36 estados, e muitas outras unidades de detenção de segurança supermáxima em praticamente todos os estados do país.

Uma descrição das prisões de segurança supermáxima em um relatório publicado em 1997 pela Human Rights Watch parece assustadoramente semelhante à descrição de Dickens da penitenciária Eastern State. A diferença, porém, é que todas as referências à reabilitação individual desapareceram.

> Os detentos em unidades de segurança supermáxima geralmente são mantidos em isolamento em uma única cela, no que se costuma chamar de confinamento solitário. (...) As atividades conjuntas com outros prisioneiros em geral são proibidas; um detento não consegue nem ao menos ver os outros prisioneiros de sua cela; a comunicação com outros detentos é proibida ou difícil (consistindo, por exemplo, em gritar de uma cela para outra); os privilégios de visitas e ligações telefônicas são limitados.[50]

A nova geração de unidades de segurança supermáxima também conta com tecnologia de última geração para monitorar e controlar o comportamento e os movimentos dos prisioneiros,

ESTARÃO AS PRISÕES OBSOLETAS?

utilizando, por exemplo, monitores de vídeo e portas acionadas por controle remoto.[51] "Essas prisões representam a aplicação de uma moderna e sofisticada tecnologia inteiramente dedicada à tarefa de controle social, e isolam, regulam e monitoram com mais eficiência do que qualquer coisa que as tenha precedido."[52]

Destaquei as semelhanças entre as primeiras penitenciárias dos Estados Unidos — com suas aspirações de reabilitação individual — e as repressivas prisões de segurança supermáxima de nossa época como uma maneira de lembrar a mutabilidade da história. O que já foi considerado progressista e até mesmo revolucionário representa hoje a união da superioridade tecnológica com o atraso político. Ninguém — nem mesmo os mais ardentes defensores das prisões de segurança supermáxima — tentaria argumentar hoje que a segregação absoluta, incluindo a privação sensorial, é reparadora e regenerante. A justificativa predominante para a prisão de segurança supermáxima é que os horrores que ela cria são o complemento perfeito para as personalidades monstruosas consideradas o que há de pior pelo sistema prisional. Em outras palavras, não há a falsa aparência de que direitos são respeitados, não há preocupação com o indivíduo, não há a noção de que os homens e as mulheres encarcerados em prisões de segurança supermáxima merecem qualquer coisa que se aproxime de respeito e conforto. De acordo com um relatório publicado em 1999 pelo National Institute of Corrections,

> de modo geral, a constitucionalidade desses programas [de segurança supermáxima] permanece pouco clara. Conforme números maiores de presos com maior diversidade de características, origens e comportamentos são encarcerados nessas unidades, a probabilidade de questionamento legal aumenta.[53]

APRISIONAMENTO E REFORMA

Nos séculos XVIII e XIX, a solidão absoluta e o monitoramento rigoroso de cada ação do prisioneiro eram vistos como estratégias para transformar hábitos e moral. Ou seja, a ideia de que a prisão deveria ser a principal forma de punição refletia uma crença no potencial da humanidade branca para o progresso, não apenas na ciência e na indústria, mas também como membros individuais da sociedade. Os reformadores do sistema prisional espelhavam os pressupostos iluministas de progresso em todos os aspectos da sociedade humana — ou, para ser mais precisa, da sociedade branca ocidental. Em seu estudo de 1987 *Imagining the Penitentiary: Fiction and the Architecture of Mind in Eighteenth-Century England* [Imaginando a penitenciária: ficção e a arquitetura da mente na Inglaterra do século XVIII], John Bender propõe o intrigante argumento de que o gênero literário emergente do romance promovia um discurso de progresso e transformação individual que estimulava a mudança das atitudes em relação à punição.[54] Essas atitudes, sugere ele, anunciaram a concepção e a construção de prisões penitenciárias no fim do século XVIII como uma reforma condizente com as capacidades daqueles considerados humanos.

Os reformadores que defendiam a imposição da arquitetura e dos regimes penitenciários à estrutura da prisão então existente direcionavam suas críticas às prisões que eram usadas principalmente para a detenção preventiva ou como punição alternativa para aqueles que não podiam pagar as multas exigidas pelos tribunais. John Howard, o mais conhecido desses reformadores, foi o que poderíamos chamar hoje de ativista prisional. Em 1773, aos 47 anos, ele iniciou uma série de visitas que o levaram a "todas as instituições para os pobres na Europa (...) [uma campanha] que lhe custou sua fortuna e, por fim, sua vida em uma batalha do exército russo contra o tifo em Cherson, em 1791".[55] Ao fim de sua

55

primeira viagem ao exterior, ele concorreu com sucesso ao cargo de xerife em Bedfordshire. Como xerife, investigou as prisões sob sua jurisdição e depois "partiu para visitar todas as prisões da Inglaterra e do País de Gales a fim de documentar os males que já havia observado em Bedford".[56]

Bender argumenta que o romance ajudou a facilitar as campanhas para transformar as antigas prisões — que eram imundas e caóticas, e nas quais prosperava o suborno de guardas — em penitenciárias de reabilitação bem organizadas. Ele mostra que romances como *Moll Flanders* e *Robinson Crusoé* enfatizavam "o poder do confinamento para remodelar a personalidade"[57] e popularizaram algumas das ideias que levaram os reformadores a agir. Como Bender observa, os reformadores do século XVIII criticavam as antigas prisões por seu caos, sua falta de organização e classificação, pela livre circulação de álcool, pela prostituição e pela incidência de enfermidades e doenças contagiosas.

Os reformadores, sobretudo protestantes, entre os quais os quacres eram especialmente dominantes, baseavam suas ideias em grande parte em sistemas de crenças religiosos. Embora John Howard não fosse um quacre — ele era um protestante independente —, mesmo assim

foi atraído pelo ascetismo quacre e adotou a vestimenta "de um simples Amigo". Seu tipo particular de devoção lembrava fortemente as tradições quacre de oração silenciosa, introspecção "sofredora" e fé no poder de iluminação da luz divina. Os quacres, por sua vez, estavam destinados a ser atraídos pela ideia do encarceramento como um purgatório, como um isolamento forçado das distrações dos sentidos em uma confrontação silenciosa e solitária com o eu. Howard concebia o processo de reforma de um condenado em termos semelhantes ao despertar espiritual de um crente em uma reunião quacre.[58]

APRISIONAMENTO E REFORMA

No entanto, de acordo com Michael Ignatieff, as contribuições de Howard não residiam tanto na religiosidade de seus esforços reformistas.

A originalidade da denúncia de Howard reside em seu caráter "científico", não em seu caráter moral. Eleito membro da Royal Society em 1756 e autor de vários artigos científicos sobre variações climáticas em Bedfordshire, Howard foi um dos primeiros filantropos a tentar fazer uma descrição estatística sistematizada de um problema social.[59]

Da mesma forma, a análise de Bender sobre a relação entre o romance e a penitenciária enfatiza como os fundamentos filosóficos das campanhas do reformador ecoavam o materialismo e o utilitarismo do Iluminismo inglês. A campanha para reformar as prisões era um projeto destinado a impor ordem, classificação, limpeza, bons hábitos de trabalho e autoconsciência. Ele argumenta que as pessoas detidas nas antigas prisões não enfrentavam restrições severas — às vezes gozavam até mesmo da liberdade de ir e vir. Não eram obrigados a trabalhar e, lançando mão de seus próprios recursos, podiam comer e beber o que desejassem. Até o sexo por vezes estava disponível, uma vez que ocasionalmente prostitutas tinham permissão para entrar temporariamente nas prisões. Howard e outros reformadores demandavam a imposição de regras rígidas que "reforçassem a solidão e a penitência, a limpeza e o trabalho".[60]

"As novas penitenciárias", de acordo com Bender, "suplantando tanto as antigas prisões como as casas de correção, buscavam explicitamente (...) três objetivos: manutenção da ordem em uma força de trabalho em sua maioria urbana, salvação da alma e racionalização da personalidade".[61] Ele argumentava que era precisamente isso que o romance conseguia por meio da narrativa. Ordenava e classificava a vida social, representava os indivíduos como seres conscientes de seu entorno, autoconscientes e capazes de se moldar. Bender, portanto, vê uma semelhança entre dois grandes acontecimentos do século XVIII — a ascensão do romance na esfera cultural e o surgimento da penitenciária na esfera sociojurídica. Se o romance como forma de expressão cultural ajudou a dar origem à penitenciária, então os reformadores da prisão devem ter sido influenciados pelas ideias geradas por e através do romance do século XVIII.

A literatura continuou a desempenhar um papel em campanhas relacionadas à prisão. Durante o século XX, os escritos do cárcere, em particular, experimentaram ondas periódicas de popularidade. O reconhecimento público da escrita do cárcere nos Estados Unidos coincidiu historicamente com a influência de movimentos sociais que exigiam a reforma e/ou a abolição das prisões. O livro de Robert Burns *I Am a Fugitive from a Georgia Chain Gang!* [Eu sou um fugitivo de um grupo de presos acorrentados da Geórgia!][62] e o filme *O Fugitivo* de 1932 baseado nele desempenharam um papel central na campanha para abolir os grupos de prisioneiros acorrentados obrigados a realizar trabalhos forçados. Durante a década de 1970, que foi marcada por uma intensa organização dentro, fora e além dos muros da prisão, diversas obras escritas por prisioneiros se seguiram à publicação, em 1970, de *Soledad Brother* [Irmão Soledad],[63] de George Jackson, à antologia que coeditei com Bettina Aptheker *If They Come in the Morning* [Se eles vierem pela manhã].[64] Embora muitos escritores do cárcere de então tivessem descoberto o poder emancipatório da escrita por conta própria, recorrendo à educação que receberam antes da prisão ou aos esforços obstinados para se autoeducar, outros

APRISIONAMENTO E REFORMA

se dedicaram à escrita como resultado direto da expansão dos programas educacionais nas prisões nessa época.

Mumia Abu-Jamal, que questionou o desmonte contemporâneo dos programas educacionais nas prisões, pergunta em *Live from Death Row* [Ao vivo do corredor da morte],

> Que interesse social é servido por prisioneiros que permanecem analfabetos? Que benefícios sociais há na ignorância? Como as pessoas poderão se regenerar enquanto estiverem presas se sua educação for proibida por lei? Quem lucra (além do próprio estabelecimento prisional) com presos estúpidos?[65]

Jornalista antes de ser preso, em 1982, acusado de matar o policial do estado da Filadélfia Daniel Faulkner, Abu-Jamal tem escrito com regularidade artigos sobre a pena de morte, concentrando-se especialmente em suas desproporções raciais e de classe. Suas ideias ajudaram a vincular críticas à pena de morte aos questionamentos mais gerais direcionados ao sistema prisional norte-americano em expansão e são particularmente úteis para os ativistas que buscam associar a abolição da pena de morte à abolição das prisões. Seus escritos do cárcere foram publicados em periódicos acadêmicos e populares (como *The Nation* e *Yale Law Journal*), bem como em três coletâneas: *Live from Death Row, Death Blossoms* [A morte floresce][66] e *All Things Censored* [Todas as coisas censuradas].[67]

Abu-Jamal e muitos outros escritores do cárcere criticaram veementemente a proibição da concessão de subsídios do programa Pell Grants* a prisioneiros, promulgada no decreto criminal de

---

* O Pell Grant é um subsídio a estudantes universitários concedido pelo governo dos Estados Unidos. (*N. da T.*)

ESTARÃO AS PRISÕES OBSOLETAS?

1994,[68] como um indicador do padrão contemporâneo de desmonte de programas educacionais nas prisões. Com o fim do subsídio para os cursos de escrita criativa para prisioneiros, praticamente todas as revistas literárias que publicavam textos de detentos entraram em colapso. Das dezenas de revistas e jornais produzidos dentro dos muros das prisões, apenas o *Angolite*, da penitenciária do estado de Louisiana, conhecida como Angola, e o *Prison Legal News*, da Washington State Prison, subsistem. Isso significa que precisamente no momento de consolidar uma cultura de escrita significativa por trás das grades, estratégias repressivas estão sendo empregadas no sentido de impedir os prisioneiros de se educar.

Se a publicação da autobiografia de Malcolm X marcou o desenvolvimento da literatura carcerária e um momento muito promissor para os prisioneiros que tentam fazer da educação uma das principais dimensões de seu tempo atrás das grades,[69] as práticas prisionais contemporâneas estão sistematicamente esmagando essas esperanças. Na década de 1950, a educação de Malcolm na prisão foi um grande exemplo da capacidade de um prisioneiro de fazer de seu encarceramento uma experiência transformadora. Sem meios disponíveis para organizar sua busca por conhecimento, ele começou a ler um dicionário, copiando cada palavra à mão. Quando conseguiu mergulhar na leitura, observou: "Meses se passaram sem que eu nem sequer pensasse sobre estar preso. Na verdade, até aquele momento, eu nunca tinha sido tão verdadeiramente livre na vida."[70] Na época, de acordo com Malcolm, considerava-se que prisioneiros que demonstravam um interesse incomum pela leitura tinham embarcado em uma jornada de autorreabilitação, e com frequência eles tinham direito a privilégios especiais — como pegar emprestado mais do que o número máximo de livros permitido. Ainda assim, a fim de dar continuidade a sua autoeducação, Malcolm teve que

60

APRISIONAMENTO E REFORMA

lutar contra o regime prisional — ele muitas vezes lia no chão da cela, muito depois de as luzes terem sido apagadas, valendo-se da luminosidade que vinha do corredor e tomando o cuidado de voltar para a cama a cada hora durante os dois minutos em que os guardas passavam diante de sua cela.

A extinção contemporânea da escrita e de outros programas educacionais na prisão são indicadores da atual indiferença oficial em relação às estratégias de reabilitação, particularmente aquelas que incentivam os prisioneiros a adquirir autonomia de pensamento. O documentário *The Last Graduation* [A última formatura] retrata o papel que os presos desempenharam ao estabelecer um programa de faculdade em quatro anos na prisão de Greenhaven, em Nova York, e 22 anos depois, a decisão oficial de extingui-lo. De acordo com Eddie Ellis, que passou 25 anos na prisão e atualmente é um conhecido líder do movimento antiprisional, "como resultado do que aconteceu em Attica, programas universitários adentraram as prisões".[71]

Depois da rebelião de prisioneiros na prisão de Attica em 1971 e do massacre patrocinado pelo governo, a opinião pública começou a se mostrar favorável à reforma prisional. Na ocasião, 43 prisioneiros e 11 guardas e civis foram mortos pela Guarda Nacional, que tinha recebido ordens do governador Nelson Rockefeller de retomar o controle da prisão. Os líderes da rebelião no presídio tinham sido muito específicos em suas exigências. Em suas "exigências práticas", expressaram preocupação em relação a dieta, melhoria na qualidade dos guardas, programas de reabilitação mais realistas e melhores programas educacionais. Eles também demandavam liberdade religiosa, liberdade de se engajar em atividades políticas e o fim da censura — todas coisas que consideravam indispensáveis a suas necessidades educacionais. Como Eddie Ellis observa em *The Last Graduation*:

ESTARÃO AS PRISÕES OBSOLETAS?

Os prisioneiros reconheceram desde muito cedo o fato de que precisavam ser mais bem-instruídos, de que, quanto mais instrução tivessem, mais preparados estariam para lidar consigo mesmos e com seus problemas, com os problemas das prisões e os problemas das comunidades de onde a maioria tinha vindo.

Lateef Islam, outro ex-condenado que aparece no documentário, disse: "Nós tínhamos aulas antes de a faculdade chegar. Ensinávamos uns aos outros, às vezes sob risco de levar uma surra."

Depois da Rebelião de Attica, mais de quinhentos prisioneiros foram transferidos para Greenhaven, incluindo alguns dos líderes que continuaram a pressionar por programas educacionais. Como resultado direto de suas demandas, o Marist College, uma faculdade do estado de Nova York perto de Greenhaven, começou a oferecer cursos de nível universitário em 1973 e, por fim, estabeleceu a infraestrutura necessária para um programa de cursos universitários de quatro anos no local. O programa prosperou por 22 anos. Alguns dos muitos prisioneiros que obtiveram seus diplomas em Greenhaven continuaram os estudos depois de sair da prisão. Como o documentário demonstra de maneira contundente, o programa produziu homens dedicados que deixaram a prisão e ofereceram o conhecimento e as habilidades recém-adquiridos a suas comunidades do lado de fora.

Em 1994, em consonância com o padrão geral de criar mais prisões e mais repressão dentro das prisões, o Congresso se ocupou da questão da revogação do financiamento universitário para presos. O debate foi concluído com a decisão de acrescentar uma emenda à lei criminal de 1994 que eliminou os Pell Grants para prisioneiros, retirando assim o financiamento de todos os programas de ensino superior. Depois de 22 anos, o Marist College foi obrigado a encerrar seu programa na prisão de Greenhaven.

APRISIONAMENTO E REFORMA

O documentário, portanto, gira em torno da última cerimônia de graduação, em 15 de julho de 1995, e do processo comovente de remover os livros que, de muitas maneiras, simbolizavam possibilidades de liberdade. Ou, como disse um dos professores maristas, "para eles, os livros estão repletos de ouro". Um prisioneiro que durante muitos anos tinha trabalhado como funcionário da faculdade refletiu com tristeza, enquanto os livros eram levados embora, que não havia mais nada para fazer na prisão — exceto talvez musculação. "Mas", perguntou ele, "de que serve esculpir o corpo se você não pode esculpir a mente?" Ironicamente, não muito tempo depois de os programas educacionais serem extintos, pesos e equipamentos de musculação também foram removidos da maioria das prisões nos Estados Unidos.

4

Como o gênero estrutura
o sistema prisional

Já me disseram que nunca vou sair da prisao se continuar a lutar contra o sistema. Minha resposta é que é preciso estar vivo para sair da prisão, e nosso padrão atual de assistência médica equivale a uma sentença de morte. Portanto, não tenho escolha a não ser continuar. (...) As condições dentro da instituição evocam continuamente memórias de violência e opressão, muitas vezes com resultados devastadores. Ao contrário de outras mulheres encarceradas que revelaram suas impressões sobre a prisão, não me sinto "mais segura" aqui porque "o abuso parou". *Não parou.* Ele mudou de forma e assumiu um ritmo diferente, mas continua tão insidioso e disseminado na prisão como sempre foi no mundo que conheço fora desses muros. O que chegou ao fim foi minha ignorância em relação aos fatos relativos ao abuso — e minha disposição de tolerá-lo em silêncio.

Marcia Bunney[72]

Nos últimos cinco anos, o sistema prisional recebeu muito mais atenção da mídia do que em qualquer momento desde o período que se sucedeu à Rebelião de Attica em 1971. No entanto, com algumas exceções importantes, as mulheres foram deixadas de fora da discussão pública sobre a expansão do sistema prisional dos Estados Unidos. Não estou sugerindo que o simples fato de incluir as mulheres nas discussões existentes sobre as cadeias e prisões vá aprofundar nossas análises sobre a punição estatal e levar adiante o projeto de abolição das prisões. Abordar questões específicas das prisões femininas é de vital importância, mas é igualmente importante mudar a forma como pensamos sobre o sistema prisional como um todo. Decerto as práticas nas penitenciárias femininas são marcadas pela questão do gênero, mas o mesmo acontece com as práticas nas prisões masculinas. Acreditar que as instituições para homens constituem a norma e as instituições para mulheres são marginais é, em certo sentido, tomar parte na normalização das prisões que uma abordagem abolicionista procura contestar. Assim, o título deste capítulo não é "Mulheres e o sistema prisional", mas sim "Como o gênero estrutura o sistema prisional". Da mesma maneira, estudiosos e ativistas envolvidos em projetos feministas não devem considerar a estrutura da punição estatal algo marginal a seu trabalho. Pesquisas e estratégias de organização progressistas devem reconhecer que o caráter profundamente influenciado pelo gênero da punição ao mesmo tempo reflete e consolida ainda mais a estrutura de gênero da sociedade como um todo.

Mulheres prisioneiras produziram um pequeno mas notável corpo de literatura que lançou luz sobre aspectos importantes da organização da punição que, de outra forma, permaneceriam desconhecidos. As memórias de Assata Shakur,[73] por exemplo, revelam as perigosas interseções entre racismo, dominação masculina e estratégias estatais de repressão política. Em 1977, ela foi condenada por assassinato e agressão em decorrência de seu envolvimento em um incidente ocorrido em 1973 que dei-

COMO O GÊNERO ESTRUTURA O SISTEMA PRISIONAL

xou um policial do estado de Nova Jersey morto e outro ferido. Ela e seu companheiro, Zayd Shakur, que foi morto durante a troca de tiros, foram alvo do que agora denominamos perfil racial e foram parados por policiais sob o pretexto de que a lanterna traseira do carro estava queimada. Na época, Assata, então conhecida como Joanne Chesimard, estava na clandestinidade e tinha sido batizada pela polícia e pela mídia de "Alma do Exército Negro de Libertação". Quando de sua condenação, em 1977, ela já havia sido absolvida ou tivera acusações arquivadas em outros seis casos — com base nos quais fora declarada foragida. Seu advogado, Lennox Hinds, observou que, como ficou provado que Assata não tinha manuseado a arma com a qual os policiais foram baleados, sua mera presença no automóvel, no contexto da demonização por parte da mídia à qual ela foi submetida, constituiu a base de sua condenação. No prefácio da autobiografia de Shakur, Hinds escreve:

> Na história de Nova Jersey, nenhuma mulher detida à espera de julgamento ou prisioneira foi tratada como ela, continuamente confinada em uma prisão masculina, com suas funções mais íntimas sob vigilância 24 horas por dia, sem amparo intelectual, atendimento médico adequado e exercícios físicos e sem a companhia de outras mulheres durante todos os anos em que esteve sob custódia.[74]

Não há dúvida de que o status de Assata Shakur como prisioneira política negra acusada de matar um policial fez com que ela fosse alvo de um tratamento incomumente cruel por parte das autoridades. No entanto, seu próprio relato enfatiza o quanto suas experiências individuais refletiam as de outras mulheres

ESTARÃO AS PRISÕES OBSOLETAS?

presas, em especial as negras e porto-riquenhas. Sua descrição da revista íntima, que se concentra no exame interno das cavidades do corpo, é especialmente reveladora:

> Joan Bird e Afeni Shakur [membros do Partido dos Panteras Negras] tinham me contado a respeito depois que foram libertadas mediante pagamento de fiança no julgamento Panther 21. Quando terminaram de me contar, fiquei horrorizada.
>
> "Vocês querem dizer que eles realmente colocaram as mãos dentro de vocês, para revistá-las?", perguntei.
>
> "Ahã", responderam elas. Todas as mulheres que já estiveram na rocha,* ou na antiga casa de detenção, podem lhe contar a respeito. As mulheres chamam de "ser vasculhada" ou, mais vulgarmente, "ser fodida com o dedo".
>
> "O que acontece se você se recusar?", perguntei a Afeni.
>
> "Eles trancam você na solitária e não deixam que saia até concordar em ser revistada internamente."
>
> Pensei em recusar, mas definitivamente não queria ir para a solitária. Já havia ficado tempo suficiente em confinamento solitário. A "revista interna" foi tão humilhante e nojenta quanto parecia ser. Você se senta na beirada de uma mesa, e a enfermeira abre suas pernas, enfia um dedo em sua vagina e vasculha lá dentro. Ela usa uma luva de plástico. Algumas tentam colocar um dedo em sua vagina e outro em seu reto ao mesmo tempo.[75]

Tenho citado amplamente esta passagem porque ela expõe uma rotina diária nas prisões femininas que beira a agressão sexual ao mesmo tempo que é considerada algo natural. Tendo estado presa na Casa de Detenção Feminina à qual Joan Bird e Afeni

---

* The Rock, ou A Rocha, era o nome pelo qual a prisão de Alcatraz era conhecida. (*N. da T.*)

COMO O GÊNERO ESTRUTURA O SISTEMA PRISIONAL

Shakur se referem, posso afirmar pessoalmente a veracidade de suas asserções. Mais de trinta anos depois de ambas terem sido libertadas e depois que eu mesma passei vários meses na Casa de Detenção, essa questão da revista íntima ainda está na linha de frente do ativismo relacionado às prisões femininas. Em 2001, a Sisters Inside, uma organização australiana de apoio a mulheres prisioneiras, lançou uma campanha nacional contra a revista íntima cujo slogan era "Parem com o assédio sexual estatal". A autobiografia de Assata Shakur traz diversas revelações sobre o gênero na punição estatal e revela como as prisões femininas mantêm práticas patriarcais opressivas consideradas ultrapassadas no "mundo livre". Ela passou seis anos em várias cadeias e prisões antes de fugir, em 1979, e receber asilo político em Cuba, em 1984, onde vive até hoje.

Elizabeth Gurley Flynn escreveu um relato anterior sobre a vida em uma prisão feminina: *The Alderson Story: My Life as a Political Prisoner* [A história de Alderson: minha vida como prisioneira política].[76] No auge do macartismo, Flynn, uma ativista do movimento operário e líder comunista, foi condenada sob o Smith Act e serviu dois anos no Reformatório Federal para Mulheres de Alderson, de 1955 a 1957. Seguindo o modelo dominante de prisões femininas durante o período, os regimes de Alderson se baseavam no pressuposto de que mulheres "criminosas" podiam se regenerar por meio da assimilação de comportamentos femininos adequados — isto é, tornando-se especialistas na vida doméstica —, especialmente cozinhar, limpar e costurar. Obviamente, um treinamento destinado a produzir esposas e mães melhores dentre as mulheres brancas de classe média produzia empregadas domésticas qualificadas dentre as mulheres negras e pobres. O livro de Flynn fornece descrições vívidas desse cotidiano. Sua autobiografia faz parte de uma tradição de escritos do cárcere produzidos por prisioneiras políticas que também inclui mulheres do nosso tempo. Escritos contemporâneos de prisioneiras políticas incluem os poemas e contos de Ericka Huggins e Susan Rosenberg, análises do complexo industrial-prisional feitas por Linda Evans e programas educacionais sobre HIV/aids nas prisões femininas elaborados por Kathy Boudin e pelos membros do coletivo ACE Bedford Hills.[77]

Apesar da disponibilidade de retratos detalhados da vida em prisões femininas, tem sido extremamente difícil persuadir o público — e até mesmo, por vezes, os ativistas antiprisionais que se preocupam sobretudo com as dificuldades dos prisioneiros do sexo masculino — sobre a centralidade do gênero na compreensão do sistema de punição estatal. Embora os homens constituam a ampla maioria dos prisioneiros no mundo, aspectos importantes da operação da punição estatal são ignorados quando se presume que as mulheres são marginais e, portanto, não merecem atenção. A justificativa mais frequente para a falta de atenção dada às prisioneiras e às questões específicas em torno do encarceramento feminino é a proporção relativamente pequena de mulheres entre as populações carcerárias ao redor do mundo. Na maioria dos países, a porcentagem de mulheres entre as populações carcerárias gira em torno de 5%.[78] No entanto, as mudanças econômicas e políticas da década de 1980 — a globalização dos mercados econômicos, a desindustrialização da economia dos Estados Unidos, o desmonte de programas sociais como o Programa de Assistência a Famílias com Crianças Dependentes e, é claro, o boom na construção de prisões — levaram a um aumento significativo no índice de encarceramento feminino tanto dentro quanto fora dos Estados Unidos. Na verdade, ainda hoje as mulheres compõem o setor de mais rápido crescimento dentre a população carcerária norte-americana. Esse recente aumento da taxa de encarcera-

COMO O GÊNERO ESTRUTURA O SISTEMA PRISIONAL

mento feminino aponta diretamente para o contexto econômico que produziu o complexo industrial-prisional e que causou um impacto devastador tanto em homens quanto em mulheres.

É a partir dessa perspectiva da expansão contemporânea das prisões, tanto nos Estados Unidos quanto no restante do mundo, que devemos examinar alguns dos aspectos históricos e ideológicos da punição estatal imposta às mulheres. Desde o fim do século XVIII, quando, como vimos, o encarceramento começou a emergir como a forma predominante de punição, as condenadas são representadas como essencialmente diferentes de suas contrapartes masculinas. É verdade que os homens que cometem os tipos de transgressão considerados passíveis de punição pelo Estado são rotulados como delinquentes. A criminalidade masculina, entretanto, sempre foi considerada mais "normal" do que a criminalidade feminina. Sempre houve uma tendência a encarar as mulheres que foram punidas publicamente pelo Estado por seu mau comportamento como significativamente mais anormais e muito mais ameaçadoras para a sociedade do que suas numerosas contrapartes masculinas.

Ao tentar compreender essa diferença de gênero na percepção dos prisioneiros, deve-se ter em mente que, enquanto a prisão surgiu e evoluiu como a principal forma de punição pública, as mulheres continuaram a ser submetidas rotineiramente a formas de punição que não eram reconhecidas como tal. Por exemplo: as mulheres eram encarceradas em instituições psiquiátricas em proporções maiores do que em prisões.[79] Estudos que indicam que as mulheres têm mais probabilidade do que os homens de ir parar em instituições psiquiátricas sugerem que, enquanto as cadeias e as prisões têm sido instituições dominantes no controle dos homens, as instituições psiquiátricas têm servido a um propósito similar no que diz respeito às mulheres. Ou seja, os homens delinquentes eram tidos como criminosos, enquanto as mulheres delinquentes eram tidas como insanas. Regimes que refletem esse pressuposto continuam a caracterizar as prisões femininas. Medicamentos psiquiátricos ainda são distribuídos de maneira muito mais ampla a detentas do que a suas contrapartes masculinas. Uma nativa americana encarcerada no Centro Correcional para Mulheres de Montana relatou sua experiência com drogas psicotrópicas à socióloga Luana Ross:

> O Haloperidol é uma droga que eles dão às pessoas que não conseguem lidar com o encarceramento. Ela faz você se sentir morto, paralisado. Mas então eu comecei a sentir os efeitos colaterais do Haloperidol. Eu queria brigar com qualquer um, qualquer um dos guardas. Eu gritava com eles e mandava saírem da minha frente, então o médico disse: "Não podemos tolerar isso." E me deram Clorazepato Dipotássico. Eu não tomava calmantes; nunca tive problema para dormir até chegar aqui. Agora tenho que me consultar [com o psicólogo] novamente por causa dos meus sonhos. Se você tem um problema, eles não tratam esse problema. Eles lhe dão drogas para que você fique sob controle.[80]

Antes do surgimento da penitenciária e, portanto, da noção de punição como "cumprimento de pena", o uso do confinamento para controlar mendigos, ladrões e pessoas insanas não fazia necessariamente uma distinção entre essas categorias de desvio. Nessa fase da história da punição — antes das revoluções Americana e Francesa —, o processo de classificação por meio do qual a criminalidade é diferenciada da pobreza e da doença mental ainda não tinha sido desenvolvido. Enquanto o discurso sobre a criminalidade e as instituições correspondentes destinadas a controlá-la distinguia o "criminoso" do "insano", a distinção de gênero se estabeleceu e continuou a estruturar as políticas penais.

COMO O GÊNERO ESTRUTURA O SISTEMA PRISIONAL

Classificada como feminina, essa categoria de insanidade era altamente sexualizada. Quando consideramos o impacto da classe e da raça, podemos dizer que, para mulheres brancas e ricas, essa equalização tende a servir como evidência de transtornos emocionais e mentais, mas para as mulheres negras e pobres, indica criminalidade.

Deve-se levar em consideração também que, até a abolição da escravidão, a maioria das mulheres negras estava sujeita a regimes de punição que diferiam significativamente daqueles vividos pelas mulheres brancas. Como escravas, eles eram direta e muitas vezes brutalmente disciplinadas por condutas consideradas perfeitamente normais em um contexto de liberdade. As punições impostas aos escravos eram visivelmente influenciadas pelo gênero — penalidades especiais eram, por exemplo, reservadas a mulheres grávidas incapazes de atingir as cotas que determinavam a duração e a rapidez de seus trabalhos. Em sua narrativa sobre a escravidão, Moses Grandy descreve uma forma especialmente brutal de açoitamento na qual a mulher era obrigada a se deitar no chão com a barriga encaixada em um buraco para proteger o feto (encarado como futura mão de obra escrava). Se expandirmos nossa definição de punição no contexto da escravidão, podemos dizer que as relações sexuais forçadas entre escravas e senhores eram uma punição imposta às mulheres, ainda que pela simples razão de elas serem escravas. Em outras palavras, a transgressão do senhor de escravos era transferida para a escrava que era sua vítima. Da mesma maneira, o abuso sexual cometido pelos guardas nas prisões é traduzido em hipersexualidade das prisioneiras. A ideia de que os "desvios" femininos sempre têm uma dimensão sexual persiste em nossa época, e essa interseção de criminalidade e sexualidade continua a ser racializada. Assim, as mulheres brancas rotuladas como "criminosas" são mais estreitamente associadas à negritude do que suas contrapartes "normais".

Antes do surgimento da prisão como a principal forma de punição pública, era comum que quem violasse a lei fosse submetido a castigos corporais e muitas vezes a penas capitais. O que não se costuma reconhecer é a conexão entre o castigo corporal imposto pelo Estado e as agressões físicas a mulheres nos espaços domésticos. Essa forma de disciplinamento corporal continua sendo infligida a mulheres de forma rotineira no contexto de relacionamentos íntimos, mas raramente é encarada como algo relacionado à punição estatal.

Reformadores quacres nos Estados Unidos — especialmente a Sociedade da Filadélfia para o Alívio do Sofrimento nas Prisões Públicas, fundada em 1787 — desempenharam um papel fundamental nas campanhas para substituir a prisão por castigos corporais. Seguindo a tradição estabelecida por Elizabeth Fry na Inglaterra, os quacres também foram responsáveis por longas cruzadas para instituir prisões separadas para mulheres. Considerando que a prática era encarcerar mulheres criminalizadas em prisões masculinas, a demanda por prisões separadas para mulheres foi vista como bastante radical na época. Fry formulou os princípios que regeriam a reforma prisional para as mulheres em sua obra de 1827 *Observations in Visiting, Superintendence and Government of Female Prisoners* [Observações sobre visitação, superintendência e gestão de prisioneiras], adotados nos Estados Unidos por mulheres como Josephine Shaw Lowell e Abby Hopper Gibbons. Na década de 1870, Lowell e Gibbons ajudaram a liderar, em Nova York, uma campanha por prisões separadas para mulheres.

As atitudes predominantes em relação às mulheres condenadas diferiram daquelas em relação aos homens condenados, que se considerava que tinham perdido direitos e liberdades que as mulheres geralmente não tinham nem mesmo no "mundo livre". Embora algumas mulheres ficassem alojadas em penitenciárias, a instituição em si era masculina, porque, de modo geral, nenhum arranjo específico era feito para acomodar as mulheres sentenciadas.

> As mulheres que cumpriram pena em instituições penais entre 1820 e 1870 não se beneficiaram da reforma prisional vivenciada pelos presos do sexo masculino. Os guardas empregavam isolamento, silêncio e trabalho duro para reabilitar prisioneiros do sexo masculino. A falta de acomodações para detentas fazia com que o isolamento e o silêncio fossem impossíveis para elas, e o trabalho produtivo não era considerado uma parte importante de sua rotina. A negligência com as prisioneiras, no entanto, raramente era benevolente. Em vez disso, um padrão de superlotação, tratamento severo e abuso sexual é recorrente na história das prisões.[81]

A punição masculina estava ligada ideologicamente à penitência e à reforma. A própria perda de direitos e liberdades implicava que, por meio da reflexão, do estudo religioso e do trabalho, condenados do sexo masculino poderiam alcançar a redenção e recuperar esses direitos e liberdades. No entanto, uma vez que não se considerava que as mulheres estivessem seguramente em posse desses direitos, elas não estavam aptas a participar desse processo de redenção.

De acordo com os pontos de vista dominantes, as mulheres condenadas eram irremediavelmente perdidas, sem possibilidade de salvação. Ao passo que os criminosos do sexo masculino eram considerados indivíduos que tinham simplesmente violado o contrato social, as criminosas eram vistas como mu-

ESTARÃO AS PRISÕES OBSOLETAS?

lheres que tinham transgredido princípios morais fundamentais da condição feminina. Os reformadores, que, seguindo Elizabeth Fry, argumentavam que as mulheres eram capazes de se redimir, não contestavam de fato esses pressupostos ideológicos a respeito do lugar da mulher. Em outras palavras, eles não questionavam a noção de "mulheres perdidas". Em vez disso, simplesmente se opunham à ideia de que "mulheres perdidas" não podiam ser salvas. Elas podiam ser salvas, alegavam os reformistas, e para conseguir isso defendiam a criação de instituições penais separadas e uma abordagem especificamente feminina da punição. Sua abordagem demandava modelos arquitetônicos que substituíssem as celas por pequenas casas e "quartos", de forma a infundir a domesticidade na vida na prisão. Esse modelo viabilizaria um regime concebido para reintegrar as criminosas no papel doméstico de esposas e mães. Eles não reconheciam, no entanto, as bases raciais e de classe desse regime. O treinamento que era, aparentemente, projetado para produzir boas esposas e mães, na verdade conduzia as mulheres pobres (e especialmente as mulheres negras) para trabalhar no "mundo livre" executando serviços domésticos. Em vez de esposas e mães qualificadas, muitas prisioneiras, depois da libertação, se tornavam empregadas, cozinheiras e lavadeiras de mulheres mais ricas. Os reformadores também argumentavam que uma equipe de guardas do sexo feminino minimizaria as tentações sexuais, que eles acreditavam muitas vezes estar na raiz da criminalidade feminina.

Quando o movimento de reforma que demandava prisões separadas para as mulheres surgiu na Inglaterra e nos Estados Unidos no século XIX, Elizabeth Fry, Josephine Shaw e outras defensoras combateram a ideia consagrada de que as criminosas estavam além do alcance da reabilitação moral. Assim como os condenados do sexo masculino, que presumivelmente podiam ser "corrigidos" por rigorosos regimes penitenciários, as condenadas do sexo feminino, conforme sugeriam, também poderiam ser moldadas em seres morais por métodos que encarassem o gênero de forma diferente. Mudanças arquitetônicas, regimes domésticos e uma equipe de guardas inteiramente feminina foram implementados no programa de reforma proposto pelos reformadores,[82] e, por fim, as prisões femininas acabaram tão firmemente ancoradas no cenário social quanto as masculinas, porém ainda mais invisíveis. Essa maior invisibilidade era um reflexo tanto da forma como os deveres domésticos das mulheres eram encarados pelo patriarcado como algo normal, natural e consequentemente invisível, quanto do número relativamente pequeno de mulheres encarceradas nessas novas instituições.

Vinte e um anos depois da inauguração em Londres do primeiro reformatório inglês para mulheres, em 1853, o primeiro dos Estados Unidos foi aberto em Indiana. O objetivo era

treinar as prisioneiras na "importante" função feminina da domesticidade. Assim, um importante papel do movimento de reforma nas prisões femininas foi incentivar e arraigar papéis de gênero "apropriados", como formação profissional em culinária, costura e limpeza. Para acomodar esses objetivos, as pequenas casas do reformatório costumavam ser projetadas com cozinhas, salas de estar e até berçários para as prisioneiras com bebês.[83]

Essa punição pública feminilizada, no entanto, não afetava todas as mulheres da mesma maneira. Quando cumpriam pena em reformatórios, as mulheres negras e nativas americanas muitas vezes eram separadas das brancas. Além disso, elas tendiam a ser desproporcionalmente condenadas a cumprir pena em prisões masculinas. Nos estados do Sul, no período seguinte à Guerra

Civil, as mulheres negras eram submetidas às crueldades do sistema de arrendamento de prisioneiros em nada amenizadas pela feminilização da punição — nem suas sentenças nem o trabalho que eram obrigadas a executar eram atenuados em virtude do gênero. Conforme o sistema prisional dos Estados Unidos evoluiu durante o século XX, modos de punição feminilizados — o sistema de pequenas casas, o treinamento doméstico e assim por diante — foram ideologicamente projetados para reformar mulheres brancas, relegando grande parte das outras a reinos de punição pública nos quais não havia nenhuma pretensão de oferecer-lhes feminilidade.

Além disso, como salientou Lucia Zedner, as práticas de condenação feminina dentro do sistema reformatório muitas vezes obrigavam mulheres de todas as origens raciais a cumprir penas mais longas do que as dos homens por crimes semelhantes. "Essa diferença era justificada com base na alegação de que as mulheres eram mandadas para os reformatórios não para serem punidas de forma proporcional à seriedade de seus crimes, mas para serem reformadas e treinadas, um processo que, alegava-se, demandava tempo."[84] Ao mesmo tempo, destaca Zedner, essa tendência de mandar as mulheres para a prisão por mais tempo que os homens foi acelerada pelo movimento eugenista, "que buscava retirar as mulheres geneticamente inferiores da circulação social durante a maior parte possível de seus anos férteis".[85]

No início do século XXI, as prisões femininas começaram a se parecer mais com suas homólogas masculinas, particularmente as instituições construídas na era contemporânea do complexo industrial-prisional. Conforme o envolvimento corporativo no sistema de punição se expandiu de maneiras que teriam sido inimagináveis apenas duas décadas atrás, o suposto propósito das prisões de promover a reabilitação foi

COMO O GÊNERO ESTRUTURA O SISTEMA PRISIONAL

completamente substituído pela incapacitação como o principal objetivo do encarceramento. Como já apontei, agora que a população carcerária das cadeias e prisões dos Estados Unidos supera a cifra de 2 milhões, a taxa de aumento do número de mulheres encarceradas excedeu a dos homens. Como observou o criminologista Elliot Currie,

> durante a maior parte do período que sucedeu a Segunda Guerra Mundial, a taxa de encarceramento feminino girou em torno de 8 a cada 100 mil; não chegou a dois dígitos até 1977. Hoje é de 51 a cada 100 mil. (...) Com as atuais taxas de crescimento, haverá mais mulheres nas prisões nos Estados Unidos em 2010 do que havia presos de ambos os sexos em 1970. Quando combinamos os efeitos de raça e gênero, a natureza dessas mudanças na população carcerária fica ainda mais evidente. A taxa de encarceramento de mulheres negras hoje supera a de *homens* brancos em anos tão recentes quanto 1980.[86]

Em seu estudo sobre mulheres nativas americanas encarceradas no Centro Correcional para Mulheres de Montana, Luana Ross argumenta que "as prisões, como são empregadas pelo sistema euro-americano, funcionam de maneira a manter as nativas americanas em uma situação colonial".[87] Ela ressalta que os nativos americanos estão vastamente sobrerrepresentados nas prisões federais e estaduais do país. No estado de Montana, onde fez sua pesquisa, eles constituem 6% da população como um todo, mas 17,3% da população carcerária. As mulheres nativas estão ainda mais desproporcionalmente presentes no sistema prisional de Montana. Elas constituem 25% de todas as mulheres presas no estado.[88]

Trinta anos atrás, por volta da época da rebelião na prisão de Attica e do assassinato de George Jackson em San Quentin, a oposição radical ao sistema prisional o identificou como um dos principais locais de violência e repressão estatal. Em parte como uma reação à invisibilidade das prisioneiras nesse movimento e em parte como consequência da ascensão do movimento pela liberação das mulheres, foram desenvolvidas campanhas específicas em defesa dos direitos das mulheres encarceradas. Muitas dessas campanhas apresentaram — e continuam a promover — críticas radicais à repressão e à violência estatal. Na comunidade correcional, entretanto, o feminismo foi largamente influenciado por construções liberais de igualdade de gênero.

Em contraste com o movimento reformista do século XIX, fundamentado em uma ideologia de diferença de gênero, as "reformas" do fim do século XX se baseavam em um modelo "separado, porém igual". Essa abordagem foi com frequência aplicada de forma acrítica, resultando ironicamente na reivindicação de condições mais repressivas a fim de tornar as instalações femininas "iguais" às masculinas. Um claro exemplo disso pode ser encontrado em um livro de memórias, *The Warden Wore Pink* [A diretora vestia rosa], escrito por uma ex-diretora da prisão feminina de Huron Valley, no estado do Michigan. Durante a década de 1980, a autora, Tekla Miller, defendeu uma mudança nas políticas internas do sistema prisional do estado de acordo com a qual as mulheres presas passariam a ser tratadas *da mesma maneira* que os homens presos. Sem nenhum traço de ironia, ela caracteriza como "feminista" sua luta por "igualdade de gênero" entre presos do sexo masculino e feminino e pela igualdade entre as instituições prisionais masculinas e femininas. Uma dessas campanhas se concentra na alocação desigual de armas, que ela buscava remediar:

COMO O GÊNERO ESTRUTURA O SISTEMA PRISIONAL

Os arsenais nas prisões masculinas são grandes salas com prateleiras de espingardas, rifles, revólveres, munições, latas de gás e equipamentos antimotim (...) O arsenal da prisão feminina de Huron Valley era um pequeno armário, de um metro e meio por sessenta centímetros, no qual havia dois rifles, oito espingardas, dois megafones, cinco revólveres, quatro latas de gás e vinte conjuntos de amarras para imobilização.[89]

Não lhe ocorreu que uma versão mais produtiva de feminismo também questionaria a organização da punição estatal para os homens e, na minha opinião, consideraria seriamente a proposição de que a instituição como um todo — marcada pelo gênero como é — exige o tipo de crítica que pode nos levar a considerar sua abolição.

Miller também descreve o caso de uma tentativa de fuga. A prisioneira em questão escalou o arame farpado, mas foi capturada ao pular para o chão do outro lado. Essa tentativa iniciou um debate sobre a discrepância no tratamento dado a fugitivos homens e mulheres. A posição de Miller era que os guardas deveriam ser instruídos a atirar nas mulheres da mesma maneira que eram instruídos a atirar nos homens, argumentando que a paridade para prisioneiros homens e mulheres deveria consistir em seu direito igual de ser alvejado pelos guardas. A conclusão do debate, observou Miller, era que

as prisioneiras que tentam escapar de prisões [de segurança média ou alta] deveriam ser tratadas da mesma forma que os homens. Um tiro de aviso é disparado. Se o prisioneiro não parar e estiver além da cerca, um guarda pode disparar para ferir. Se a vida do agente estiver em perigo, ele pode atirar para matar.[90]

Paradoxalmente, as reivindicações por paridade com as prisões masculinas, em vez de criar melhores oportunidades educacionais, profissionais e de saúde para as prisioneiras, com frequência levaram a condições mais repressivas para essas mulheres. Isso não é apenas uma consequência do emprego liberal — isto é, formalista — de noções de igualdade, mas, o que é mais perigoso, de permitir que as prisões masculinas funcionem como a norma de punição. Miller salienta que tentou impedir que uma presa, a quem ela caracteriza como uma "assassina" cumprindo uma longa pena, de participar da cerimônia de graduação na Universidade de Michigan porque os assassinos do sexo masculino não tinham tais privilégios. (Obviamente, ela não revela a natureza das acusações de homicídio que recaíam sobre a mulher — se, por exemplo, ela havia sido condenada por matar um parceiro abusivo, como é o caso de um número significativo de mulheres condenadas por esse crime.) Embora Miller não tenha conseguido impedir a detenta de participar da formatura, além do chapéu e da beca, a mulher teve que usar correntes e algemas nos pés durante a cerimônia.[91] Esse é de fato um exemplo bizarro de demandas feministas por igualdade dentro do sistema prisional.

Um exemplo amplamente divulgado do uso de uma parafernália repressiva associada historicamente ao tratamento de prisioneiros do sexo masculino para promover "igualdade" para as prisioneiras do sexo feminino foi a decisão, em 1996, do comissário prisional do Alabama de estabelecer grupos de prisioneiras acorrentadas destinados a executar trabalho forçado. Depois que o Alabama se tornou o primeiro estado a reinstituir os grupos de prisioneiros acorrentados, em 1995, o então comissário de correções estadual Ron Jones anunciou no ano seguinte que as mulheres seriam algemadas enquanto aparassem o capim, recolhessem o lixo ou cuidassem da horta na Prisão Estadual para Mulheres Julia Tutwiler. Essa tentativa de instituir grupos de prisioneiras acorrentadas foi em parte uma resposta a ações judiciais movidas por prisioneiros do sexo masculino, que acusavam que a prática era discriminatória aos homens, em razão de seu gênero.[92] No entanto, imediatamente após o anúncio de Jones, o governador Fob James, que obviamente foi pressionado a evitar que o Alabama obtivesse a duvidosa distinção de ser o único estado a ter igualdade de oportunidade em grupos de presos acorrentados, o demitiu.

Pouco depois do embaraçoso flerte do Alabama com a possibilidade de estabelecer grupos de detentas acorrentadas, o xerife Joe Arpaio, do condado de Maricopo, no Arizona — representado na mídia como "o xerife mais severo da América" — concedeu uma entrevista coletiva para anunciar que, como era "um encarcerador a favor de oportunidades iguais", estava estabelecendo o primeiro grupo de presas acorrentadas do país.[93] Quando o plano foi implementado, jornais em todo o país publicaram uma fotografia de mulheres acorrentadas limpando as ruas de Phoenix. Embora isso possa ter sido um golpe publicitário destinado a fortalecer a fama de Arpaio, o fato de esse grupo de mulheres acorrentadas ter surgido no contexto de um aumento generalizado da repressão imposta às mulheres presas é certamente motivo para alarme. Prisões femininas em todo o país cada vez mais incluem alas conhecidas como "unidades de alojamento de segurança" (SHU, na sigla em inglês). Os regimes de confinamento solitário e privação sensorial nessas unidades das prisões femininas são versões menores das prisões de segurança supermáxima que proliferam rapidamente. Como a população carcerária feminina nas prisões agora consiste em uma maioria de mulheres de cor, os ecos históricos da escravidão, da colonização e do genocídio não devem passar despercebidos nessas imagens de mulheres acorrentadas e algemadas.

À medida que aumentou o nível de repressão nas prisões femininas e, paradoxalmente, conforme a influência dos regimes de prisão doméstica diminuiu, o abuso sexual — que, como a violência doméstica, é mais uma dimensão da punição privativa das mulheres — tornou-se um componente institucionalizado da punição por trás dos muros da prisão. Embora o abuso sexual de prisioneiras cometido por guardas não seja sancionado como tal, a indulgência generalizada com a qual os agentes transgressores são tratados sugere que, para as mulheres, a prisão é um espaço no qual a ameaça de violência sexual que assoma na sociedade em geral é sancionada como um aspecto rotineiro da paisagem da punição do sistema penitenciário.

De acordo com um relatório de 1996 da Human Rights Watch sobre o abuso sexual de mulheres nas prisões dos Estados Unidos:

> Nossas conclusões indicam que ser uma prisioneira nas prisões estatais dos Estados Unidos pode ser uma experiência aterrorizante. Caso seja vítima de abuso sexual, você não consegue escapar de seu agressor. Queixas ou procedimentos de investigação, quando existem, muitas vezes são ineficazes, e os funcionários das prisões continuam a praticar abusos porque acreditam que dificilmente serão punidos, administrativa ou criminalmente. Poucas pessoas do lado de fora dos muros da prisão sabem o que está acontecendo lá dentro ou se importam quando sabem. Menos pessoas ainda fazem qualquer coisa para resolver o problema.[94]

O seguinte trecho do resumo deste relatório, intitulado *All Too Familiar: Sexual Abuse of Women in U.S. State Prisons* [Familiar demais: abuso sexual de mulheres nas prisões estaduais dos Estados Unidos], revela como o ambiente das prisões femininas é violentamente sexualizado, recapitulando assim a violência familiar que caracteriza a vida privada de muitas mulheres:

COMO O GÊNERO ESTRUTURA O SISTEMA PRISIONAL

Descobrimos que os funcionários do sexo masculino das instituições correcionais têm violentado por via vaginal, anal e oral as prisioneiras do sexo feminino, além de agredir e abusar sexualmente delas. Chegamos à conclusão de que, ao ter essa má conduta, os guardas do sexo masculino não apenas recorreram ou ameaçaram recorrer à força física, mas também usaram sua autoridade para fornecer ou negar itens e privilégios a prisioneiras a fim de obrigá-las a fazer sexo ou, em alguns casos, para recompensá-las por tê-lo feito. Em outros casos, guardas do sexo masculino violaram seu dever profissional mais básico e tiveram contato sexual com prisioneiras sem o uso da ameaça de força ou de qualquer recompensa material. Além de manter relações sexuais com prisioneiras, guardas do sexo masculino usam as revistas obrigatórias ou as revistas nas celas para apalpar os seios, as nádegas e a área vaginal das mulheres e observá-las de maneira imprópria enquanto estão despidas nas áreas de alojamento e nos banheiros. Guardas e funcionários do sexo masculino também se envolveram em humilhação verbal e assédio de prisioneiras, contribuindo assim para um ambiente de custódia nas prisões estatais para mulheres com frequência altamente sexualizado e excessivamente hostil.[95]

A violenta sexualização da vida prisional nas instituições para mulheres levanta uma série de questões que podem nos ajudar a aprofundar nossa crítica do sistema prisional. Ideologias da sexualidade — e particularmente da interseção entre raça e sexualidade — tiveram um efeito profundo nas representações e no tratamento recebido por mulheres de cor tanto dentro quanto fora da prisão. É claro que os homens negros e latinos vivenciam uma continuidade perigosa na forma como são tratados na escola, onde são disciplinados como criminosos em potencial; nas ruas, onde são submetidos ao perfil racial da polícia;

ESTARÃO AS PRISÕES OBSOLETAS?

e na prisão, onde são amontoados e privados de praticamente todos os seus direitos. No caso das mulheres, a continuidade de tratamento que recebem no mundo livre para o universo da prisão é ainda mais complicada, já que elas também enfrentam na prisão formas de violência que enfrentaram em casa e nos relacionamentos íntimos.

A criminalização de mulheres negras e latinas inclui imagens persistentes de hipersexualidade que servem para justificar os abusos sexuais cometidos contra elas tanto dentro quanto fora da prisão. Essas imagens foram vividamente representadas na televisão em uma série do *Nightline** filmada em novembro de 1999 na Valley State Prison for Women, na Califórnia. Muitas das mulheres entrevistadas pelo apresentador Ted Koppel se queixaram de ser submetidas a exames pélvicos frequentes e desnecessários, inclusive quando se consultavam com o médico por causa de doenças tão corriqueiras como resfriados. Em uma tentativa de justificar esses exames, o diretor médico explicou que as prisioneiras tinham poucas oportunidades de "contato masculino" e que, portanto, acolhiam com prazer esses exames ginecológicos supérfluos. Embora o diretor tenha sido destituído de seu cargo em consequência desses comentários, sua transferência não mudou em praticamente nada a vulnerabilidade generalizada das mulheres presas no que diz respeito ao abuso sexual.

Estudos sobre prisões femininas em todo o mundo indicam que este abuso é uma forma de punição permanente, embora não reconhecida, à qual as mulheres que têm o infortúnio de ser mandadas para a prisão são submetidas. Trata-se de um aspecto da vida na prisão que as mulheres podem esperar encontrar, direta

---

* Programa de notícias noturno, transmitido nos dias de semana pelo canal norte-americano ABC. (*N. da T.*)

COMO O GÊNERO ESTRUTURA O SISTEMA PRISIONAL

ou indiretamente, não importa quais sejam as políticas escritas que regem a instituição. Em junho de 1998, Radhika Coomaraswamy, relatora especial das Nações Unidas para a violência contra a mulher, visitou prisões federais e estaduais, bem como centros de detenção do Serviço de Imigração e Naturalização em Nova York, Connecticut, Nova Jersey, Minnesota, Geórgia e Califórnia. Ela não teve permissão para visitar prisões femininas no Michigan, onde graves acusações de abuso sexual estavam sendo investigadas. Ao fim dessas visitas, Coomaraswamy anunciou que "o assédio sexual por parte dos funcionários das prisões é generalizado nas prisões femininas norte-americanas".[96]

Essa institucionalização clandestina do abuso sexual viola um dos princípios fundamentais das Regras Mínimas para o Tratamento de Prisioneiros das Nações Unidas, instrumento da ONU adotado pela primeira vez em 1955 e usado como diretriz por muitos governos para implementar o que se considera "boas práticas prisionais". O governo dos Estados Unidos, no entanto, não fez muito no sentido de divulgar essas regras, e é provável que a maioria dos funcionários de instituições penais nunca tenha ouvido falar desses padrões da ONU. De acordo com as Regras Mínimas,

> o aprisionamento e outras medidas que resultem em isolar um criminoso do mundo exterior já são aflitivos pelo simples fato de tirarem dessa pessoa o direito à autodeterminação, privando-a de sua liberdade. Portanto, o sistema prisional não deve, exceto como resultado incidental de uma segregação justificável ou da manutenção da disciplina, agravar o sofrimento inerente a tal situação.[97]

O abuso sexual é incorporado às escondidas a um dos aspectos mais habituais do encarceramento feminino: a revista íntima.

ESTARÃO AS PRISÕES OBSOLETAS?

Como os ativistas e as próprias prisioneiras apontaram, o Estado está diretamente implicado nessa rotineirização do abuso sexual, tanto ao permitir as condições que tornam as mulheres vulneráveis à coerção sexual explícita imposta pelos guardas e por outros funcionários da prisão quanto ao incorporar, nas políticas de rotina, práticas como a revista corporal e o exame de cavidades corporais.

A advogada e ativista australiana Amanda George salientou que

[o] reconhecimento de que o abuso sexual de fato ocorre em instituições para pessoas com deficiência intelectual, prisões, hospitais psiquiátricos, centros de treinamento de jovens e delegacias geralmente se concentra nos atos criminosos de estupro e abuso sexual cometidos por indivíduos que trabalham nessas instituições.

Esses delitos, embora raramente sejam denunciados, são claramente compreendidos como "crimes" pelos quais o indivíduo, e não o Estado, é responsável. Ao mesmo tempo que condena abusos sexuais "ilegais" por parte de seus funcionários, o Estado na verdade usa o abuso sexual como forma de controle.

Em Victoria, os agentes penitenciários e a polícia têm o poder e a responsabilidade de cometer atos que, se cometidos fora do horário de trabalho, seriam crimes de abuso sexual. Se uma pessoa não "consentir" em ser despida por esses oficiais, pode-se recorrer legalmente ao uso da força para fazê-lo. (...) As revistas corporais legais são, na opinião da autora, abusos sexuais de acordo com a definição de atentado ao pudor que consta do *Crimes Act 1958 (Vic)*, conforme retificado na seção 39.[98]

Em uma conferência sobre mulheres na prisão realizada em novembro de 2001 pela organização Sisters Inside, de Brisbane, Amanda George descreveu uma ação realizada em uma reunião

COMO O GÊNERO ESTRUTURA O SISTEMA PRISIONAL

nacional de funcionários do sistema carcerário que trabalhavam em prisões femininas. Várias mulheres invadiram o palco e, algumas representando guardas, outras desempenhando o papel de prisioneiras, dramatizaram uma revista corporal. De acordo com George, os participantes da reunião sentiram tanta repulsa por essa dramatização de uma prática que ocorre rotineiramente nas prisões femininas, que muitos se sentiram impelidos a se dissociar de tais práticas, insistindo que não era aquilo que faziam. Alguns dos guardas, disse George, simplesmente choraram ao assistir à encenação de suas próprias ações fora do contexto da prisão. O que eles devem ter percebido é que "sem o uniforme, sem o poder do Estado, [a revista corporal] é abuso sexual".[99]

Mas por que a compreensão da onipresença desse abuso nas prisões femininas é um elemento importante de uma análise radical do sistema prisional, e especialmente das análises progressistas que nos conduzem na direção da abolição? Porque a demanda por abolir a prisão como a forma dominante de punição não pode ignorar que a instituição da prisão armazenou ideias e práticas que, espera-se, se aproximam da obsolescência na sociedade em geral, mas que retêm toda a sua horrenda vitalidade por trás dos muros da prisão. A combinação destrutiva de racismo e misoginia, por mais que tenha sido combatida pelos movimentos sociais, pelas bolsas de estudo e pela arte nas últimas três décadas, mantém todas as suas terríveis consequências nas prisões femininas. A presença relativamente incontestada do abuso sexual nessas instituições é apenas um de muitos exemplos dessa natureza. A crescente evidência, nos Estados Unidos, de um complexo industrial-prisional com ressonâncias globais nos leva a pensar sobre até que ponto as muitas empresas que investiram na expansão do sistema prisional estão, assim como o Estado, diretamente implicadas em uma instituição que perpetua a violência contra a mulher.

5

O complexo industrial-prisional

Para as empresas privadas, a mão de obra prisional é um pote de ouro. Sem greves. Sem organização sindical. Sem plano de saúde, seguro-desemprego ou indenização em caso de acidente. Sem barreiras linguísticas, como em países estrangeiros. Novas prisões-leviatã estão sendo construídas nos milhares de hectares sinistros de fábricas do lado de dentro dos muros. Os prisioneiros fazem processamento de dados para a Chevron, fazem reservas por telefone para a TWA, criam porcos, removem esterco, fabricam placas de circuito, limusines, colchões d'água e lingerie para a Victoria's Secret, tudo por uma fração do custo do "trabalho livre".

Linda Evans e Eve Goldberg[100]

A exploração da mão de obra prisional por corporações privadas é apenas um dos aspectos de uma série de relações que ligam corporações, governo, comunidades correcionais e mídia. Essas relações constituem o que chamamos de complexo industrial-prisional. O termo "complexo industrial-prisional" foi introduzido por ativistas e estudiosos para contestar a crença predominante de que o aumento dos níveis de criminalidade era a principal causa do crescimento das populações carcerárias. Na realidade, argumentaram, a construção de prisões e a eventual necessidade de ocupar essas novas estruturas com corpos humanos foram guiadas por ideologias racistas e pela busca desenfreada de lucro. O historiador social Mike Davis usou o termo pela primeira vez para se referir ao sistema penal da Califórnia, que, observou ele, já na década de 1990 havia começado a rivalizar com o agronegócio e a expansão imobiliária como uma das principais forças econômicas e políticas.[101]

Para compreender o significado social da prisão hoje, no contexto de um complexo industrial-prisional em desenvolvimento, é preciso que a punição, ou o castigo, seja dissociada conceitualmente de sua ligação aparentemente indissolúvel com o crime. Com que frequência encontramos a expressão "crime e castigo"? Em que medida a perpétua repetição dessa expressão na literatura, como título de programas de televisão, tanto fictícios como documentais, e nas conversas diárias tornou extremamente difícil pensar na punição para além dessa conexão? Como essas representações colocaram a prisão em uma relação causal com o crime como um efeito natural, necessário e permanente, inibindo assim debates sérios sobre a viabilidade da prisão hoje?

A noção de complexo industrial-prisional exige entendimentos do processo de punição que levem em conta estruturas e ideologias econômicas e políticas, em vez de se concentrar de forma míope na conduta criminal individual e nos esforços para "conter o crime". O fato, por exemplo, de muitas corporações com mercados globais agora contarem com as prisões como uma importante fonte de lucro nos ajuda a entender a rapidez com que as instituições prisionais começaram a proliferar justamente no momento em que estudos oficiais indicavam que as taxas de cri-

O COMPLEXO INDUSTRIAL-PRISIONAL

minalidade estavam caindo. A ideia de um complexo industrial-prisional também sustenta que a racialização das populações carcerárias — e isso não é verdade apenas no que diz respeito aos Estados Unidos, mas também à Europa, à América do Sul e à Austrália — não é incidental. Dessa forma, as críticas ao complexo industrial-prisional feitas por ativistas e estudiosos abolicionistas estão estreitamente ligadas às críticas à persistência global do racismo. Os movimentos de combate ao racismo e outros movimentos de justiça social não dão a devida atenção às políticas de encarceramento. Na Conferência Mundial das Nações Unidas contra o Racismo realizada em 2001 em Durban, na África do Sul, alguns indivíduos que atuam em campanhas abolicionistas em vários países tentaram levar essa conexão à atenção da comunidade internacional, salientando que o sistema de prisões em expansão em todo o mundo ao mesmo tempo depende de estruturas racistas e continua a promovê-las, mesmo que seus defensores afirmem categoricamente que ele é neutro no que diz respeito a raça.

Alguns críticos do sistema prisional empregam o termo "complexo industrial-correcional", e outros, "complexo industrial-penal". Esses termos e o termo que escolhi destacar, "complexo industrial-prisional", ecoam claramente o conceito histórico de "complexo industrial-militar", cujo uso remonta à presidência de Dwight Eisenhower. Pode parecer irônico que um presidente republicano tenha sido o primeiro a ressaltar uma crescente e perigosa aliança entre os mundos militar e corporativo, mas isso claramente parecia correto para ativistas antiguerra e estudiosos na época da Guerra do Vietnã. Hoje, alguns ativistas argumentam de forma equivocada que o complexo industrial-prisional está ocupando o espaço deixado pelo complexo industrial-militar. No entanto, a chamada Guerra contra o Terror iniciada pelo governo

ESTARÃO AS PRISÕES OBSOLETAS?

Bush depois dos ataques ao World Trade Center, em 2001, deixou bem claro que os vínculos entre militares, corporações e governo estão ficando cada vez mais fortes, e não mais fracos.

Uma maneira mais convincente de definir a relação entre o complexo industrial-militar e o complexo industrial-prisional seria chamá-la de simbiótica. Esses dois complexos se apoiam e se promovem mutuamente e, na verdade, muitas vezes compartilham tecnologias. No início da década de 1990, quando a produção de armamentos estava temporariamente em declínio, essa conexão entre a indústria militar e a justiça criminal/indústria da punição foi reconhecida em um artigo publicado em 1994 no *Wall Street Journal* intitulado "Making Crime Pay: The Cold War of the '90s" [Fazendo o crime compensar: A Guerra Fria dos anos 1990].

> Parte das empresas da área de defesa também está faturando, identificando uma nova linha lógica de negócios para ajudá-las a compensar os cortes militares. Westinghouse Electric Corp., Minnesota Mining and Manufacturing Co., GDE Systems (uma divisão da antiga General Dynamics) e Alliant Techsystems Inc., por exemplo, estão investindo em equipamentos de combate ao crime e criaram divisões especiais para adequar sua tecnologia de defesa às ruas dos Estados Unidos.[102]

O artigo descreve uma conferência patrocinada pelo Instituto Nacional de Justiça, o braço de pesquisa do Departamento de Justiça, intitulada "Tecnologias de Aplicação da Lei no século XXI". O secretário de Defesa foi um dos principais palestrantes da conferência, que explorou temas como "O papel da indústria de defesa, particularmente para duplo emprego e conversão".

O COMPLEXO INDUSTRIAL-PRISIONAL

Assuntos em pauta: tecnologia da indústria de defesa que poderia diminuir a violência empregada no combate ao crime. Sandia National Laboratories, por exemplo, está fazendo experimentos com uma espuma densa que pode ser pulverizada em suspeitos, deixando-os temporariamente cegos e surdos sob bolhas respiráveis. Stinger Corporation está desenvolvendo "armas inteligentes", que disparam apenas quando acionadas pelo proprietário, e faixas de obstáculos retráteis com espigões para serem colocadas diante de veículos em fuga. Westinghouse está promovendo o "carro inteligente", no qual minicomputadores poderiam ser conectados a servidores centrais na delegacia, permitindo o fichamento imediato de prisioneiros, bem como trocas rápidas de informação (...)[103]

Uma análise da relação entre o complexo industrial-militar e o complexo industrial-prisional, porém, não leva em conta apenas a transferência de tecnologia dos militares para a indústria da aplicação da lei. O que pode ser ainda mais importante para a nossa discussão é em que medida eles compartilham características estruturais importantes. Ambos os sistemas geram enormes lucros a partir de processos de destruição social. Precisamente aquilo que é vantajoso para as corporações, autoridades eleitas e agentes do governo com interesses óbvios na expansão desses sistemas é o que gera sofrimento e devastação nas comunidades pobres e racialmente dominadas nos Estados Unidos e em todo o mundo. A transformação dos corpos encarcerados — e eles são, em sua maioria, corpos de pessoas de cor — em fontes de lucro que consomem e, muitas vezes, produzem todo tipo de mercadoria devora recursos públicos que poderiam ser utilizados em programas sociais nas áreas de educação, habitação, assistência à infância, lazer e combate às drogas.

ESTARÃO AS PRISÕES OBSOLETAS?

A punição não constitui mais uma área marginal da grande economia. Empresas que produzem todos os tipos de bens — de edifícios a dispositivos eletrônicos e produtos de higiene — e fornecem todo tipo de serviço — de refeições a terapias e assistência médica — estão agora diretamente envolvidas no negócio da punição. Ou seja, empresas que poderíamos presumir que estivessem muito distantes do trabalho de punição estatal desenvolveram importantes interesses na perpetuação de um sistema prisional cuja obsolescência histórica torna-se, portanto, muito mais difícil de reconhecer. Foi durante a década de 1980 que os laços corporativos com o sistema penitenciário se tornaram mais abrangentes e profundos do que nunca. Ao longo da história do sistema prisional dos Estados Unidos, contudo, os prisioneiros sempre constituíram uma fonte potencial de lucro. Por exemplo, serviram de valiosos sujeitos na pesquisa médica, posicionando assim a prisão como um elo importante entre universidades e empresas.

Durante o período pós-Segunda Guerra Mundial, por exemplo, os experimentos médicos em populações carcerárias ajudaram a acelerar o desenvolvimento da indústria farmacêutica. De acordo com Allen Hornblum,

> o número de programas americanos de pesquisa médica que recorriam a prisioneiros como cobaias se expandiu rapidamente à medida que médicos e pesquisadores zelosos, universidades que concediam financiamentos e uma indústria farmacêutica em expansão competiam por uma maior participação no mercado. As pessoas à margem da sociedade eram, como sempre tinham sido, fonte de lucro para a indústria médico-farmacêutica, e os prisioneiros, em particular, iriam se tornar matéria-prima para fins lucrativos e avanço acadêmico no pós-guerra.[104]

O COMPLEXO INDUSTRIAL-PRISIONAL

O livro de Hornblum, *Acres of Skin: Human Experiments at Holmesburg Prison* [Hectares de pele: experimentos humanos na prisão de Holmesburg], destaca a carreira do dermatologista e pesquisador Albert Kligman, professor da Universidade da Pensilvânia. Kligman, o "Pai do Retin-A",[105] realizou centenas de experiências usando como cobaias os detentos da prisão de Holmesburg e, no processo, treinou muitos pesquisadores para usar técnicas que mais tarde foram reconhecidas como métodos antiéticos de pesquisa.

> Quando o Dr. Kligman entrou na antiga prisão, ficou impressionado com o potencial que ela representava para sua pesquisa. Em 1966, recordou em uma entrevista dada a um jornal: "Tudo o que eu via diante de mim eram hectares de pele. Era como um agricultor contemplando um campo fértil pela primeira vez." As centenas de presos caminhando sem rumo diante dele representavam uma oportunidade única para pesquisas médicas ilimitadas e sem interrupções. Ele a descreveu nessa entrevista como "uma colônia antropoide, majoritariamente saudável" em condições de controle perfeitas.[106]

Quando o programa de experimentos foi encerrado, em 1974, e novas regulamentações federais proibiram o uso de prisioneiros como cobaias em pesquisas acadêmicas e corporativas, diversos cosméticos e cremes para a pele já haviam sido testados. Alguns tinham causado grandes males aos prisioneiros e não puderam ser comercializados em sua forma original. Johnson & Johnson, Ortho Pharmaceutical e Dow Chemical são apenas algumas das empresas que obtiveram grandes benefícios materiais dessas experiências.

O impacto potencial do envolvimento corporativo no sistema de punição poderia ter sido vislumbrado nos experimentos de

Kligman na prisão de Holmesburg nos anos 1950 e 1960. No entanto, foi apenas na década de 1980 e com a crescente globalização do capitalismo que o grande afluxo de capital para a economia correcional teve início. Os processos de desindustrialização que resultaram no fechamento de fábricas em todo o país criaram um enorme grupo de seres humanos vulneráveis, indivíduos para quem não havia nenhum emprego disponível. Isso também levou mais pessoas a recorrer a serviços sociais como o Programa de Assistência a Famílias com Crianças Dependentes e outras agências de assistência social. Não foi acidental que "as políticas de bem-estar social como as conhecemos" — para usar as palavras do ex-presidente Clinton — tenham sido severamente atacadas e, por fim, extintas. Isso ficou conhecido como "reforma do bem-estar social". Ao mesmo tempo, vivenciamos a privatização e a corporativização de serviços anteriormente geridos pelo governo. O exemplo mais óbvio desse processo de privatização foi a transformação de hospitais e serviços de saúde administrados pelo governo em um gigantesco complexo do que chamamos eufemisticamente de organizações de manutenção da saúde. Nesse sentido, podemos também falar de um "complexo industrial-médico".[107] Na verdade, há uma conexão entre uma das primeiras corporações de hospitais particulares, a Hospital Corporation of America — hoje conhecida como HCA — e a Corrections Corporation of America (CCA), empresa do setor carcerário. Os membros da diretoria da HCA, que hoje tem duzentos hospitais e setenta centros cirúrgicos ambulatoriais em 24 estados norte-americanos, na Inglaterra e na Suíça, ajudaram a fundar a Corrections Corporation of America em 1983.

No contexto de uma economia movida por uma busca sem precedentes de lucro, não importa qual seja o custo humano, e pelo desmantelamento concomitante do estado de bem-estar social, a capacidade das pessoas pobres de sobreviver ficou cada vez mais limitada pela presença ameaçadora da prisão. O grande projeto de construção de prisões que começou na década de 1980 produziu os meios de concentrar e gerenciar o que o sistema capitalista tinha declarado implicitamente ser um excedente humano. Nesse ínterim, as autoridades eleitas e a mídia dominante justificavam as novas práticas draconianas de sentenciamento, que mandavam cada vez mais pessoas para a prisão na tentativa frenética de construir mais e mais penitenciárias, argumentando que essa era a única maneira de proteger nossas comunidades de assassinos, estupradores e ladrões.

> A mídia, especialmente a televisão (...), tem um grande interesse em perpetuar a noção de que a criminalidade está fora de controle. Com a nova concorrência de redes de televisão a cabo e canais de notícias 24 horas, noticiários e programas sobre crimes (...) proliferaram loucamente. De acordo com o Centro de Mídia e Negócios Públicos, a cobertura de crimes foi o tópico número um dos noticiários noturnos na última década. De 1990 a 1998, as taxas de homicídio caíram pela metade em todo o país, mas as histórias de homicídios nas três principais redes de televisão aumentaram quase quatro vezes.[108]

No mesmo período em que as taxas de criminalidade estavam diminuindo, as populações carcerárias cresceram. De acordo com um relatório recente do Departamento de Justiça dos Estados Unidos, no final de 2001, havia 2.100.146 pessoas encarceradas no país.[109] Os termos e números que aparecem nesse relatório do governo requerem uma discussão preliminar. Eu hesito em fazer um uso não mediado dessas evidências estatísticas porque isso pode desencorajar justamente o pensamento crítico que deve ser suscitado por uma compreensão do complexo industrial-prisional. É precisamente a abstração numérica que desempenha um papel central na criminalização de quem vivencia o infortúnio do encarceramento. Existem muitos tipos diferentes de homens e mulheres nas prisões, cadeias, centros de detenção do Serviço de Imigração e Naturalização e centros de detenção militares cujas vidas são apagadas pelos números do Departamento de Estatísticas Judiciais. Os números não fazem distinção entre a mulher que está presa por tráfico de drogas e o homem que está preso por ter matado a esposa, homem que pode, inclusive, passar menos tempo atrás das grades do que a mulher.

Com essa observação em mente, eis uma análise estatística mais detalhada: havia 1.324.465 pessoas em "prisões federais e estaduais", 15.852 em "prisões territoriais", 631.240 em "cadeias locais", 8.761 em "centros de detenção do Serviço de Imigração e Naturalização", 2.436 em "instalações militares", 1.912 em "cadeias no território dos nativos" e 108.965 em "reformatórios juvenis". Nos dez anos entre 1990 e 2000, 351 novos locais de confinamento foram inaugurados pelos estados e mais de 528 mil leitos foram criados, totalizando 1.320 instalações estatais, o que representou um aumento de 81%. Além disso, existem atualmente 84 prisões federais e 264 prisões privadas.[110]

Os relatórios do governo nos quais constam esses números enfatizam como as taxas de encarceramento estão diminuindo. O relatório do Departamento de Estatísticas Judiciais intitulado "Prisioneiros em 2001" apresenta o estudo indicando que "a população carcerária do país cresceu 1,1%, número inferior ao crescimento anual médio de 3,8% desde o fim de 1995. Durante 2001, a população carcerária aumentou à taxa mais baixa desde 1972 e teve o menor crescimento absoluto desde 1979".[111] Por menor que seja o aumento, esses números por si só desafiariam a

O COMPLEXO INDUSTRIAL-PRISIONAL

imaginação se não estivessem tão ordenadamente classificados e racionalmente organizados. Para colocá-los em uma perspectiva histórica, tente imaginar como as pessoas nos séculos XVIII e XIX — e na verdade durante a maior parte do século XX — que acolheram com satisfação o novo, e na época extraordinário, sistema de punição chamado prisão teriam reagido se soubessem que um número tão colossal de vidas acabaria sendo reivindicado permanentemente por essa instituição. Já compartilhei minhas memórias de um tempo, há três décadas, em que a população carcerária correspondia a um décimo dos números atuais.

O complexo industrial-prisional é alimentado por padrões de privatização que, vale lembrar, também transformaram drasticamente os serviços de saúde, a educação e outras áreas de nossas vidas. Além disso, as tendências de privatização da prisão — tanto a crescente presença de corporações na economia prisional quanto a abertura de prisões privadas — lembram os esforços históricos para criar uma indústria de punição lucrativa baseada no novo suprimento de trabalhadores negros "livres" no período pós-Guerra Civil. Steven Donziger, com base no trabalho do criminologista norueguês Nils Christie, argumenta:

> Empresas que atendem o sistema de justiça criminal precisam de quantidade suficiente de matéria-prima para garantir o crescimento em longo prazo. (...) No campo da justiça criminal, *a matéria-prima são os prisioneiros*, e a indústria fará o que for necessário para garantir um abastecimento constante. Para que o suprimento de prisioneiros cresça, as políticas da justiça criminal devem garantir um número suficiente de americanos encarcerados, independentemente de a criminalidade estar aumentando ou de esse encarceramento ser necessário.[112]

No período pós-Guerra Civil, os homens e mulheres negros emancipados constituíam uma enorme reserva de mão de obra em um momento em que os donos das *plantations* — e das indústrias — não podiam mais contar com a escravidão, como tinham feito no passado. Essa mão de obra ficou cada vez mais disponível para uso por agentes privados, precisamente por intermédio do sistema de arrendamento de condenados, discutido anteriormente, e de sistemas relacionados, como a servidão por dívida. Lembremos que, depois do fim da escravidão, a população carcerária mudou drasticamente, de modo que no Sul não demorou a se tornar desproporcionalmente negra. Essa transição preparou o terreno histórico para a fácil aceitação de populações carcerárias desproporcionalmente negras nos dias atuais. De acordo com dados do Departamento de Estatísticas Judiciais, em 2002, os afro--americanos representavam a maioria dos detentos nas prisões dos condados e nas prisões estaduais e federais, totalizando 803.400 presos negros — 118.600 a mais do que o número total de presos brancos. Se incluirmos os latinos, teremos que acrescentar a essa conta outros 283 mil corpos de pessoas de cor.[113]

Conforme a taxa de encarceramento de prisioneiros negros continua a aumentar, a composição racial da população carcerária se aproxima da mesma proporção de prisioneiros negros para prisioneiros brancos que vigorava na época dos sistemas de arrendamento de condenados e de grupos de presos acorrentados que executavam trabalhos forçados nos condados. Quer essa matéria-prima humana seja usada como mão de obra, quer seja usada para consumir bens fornecidos por um crescente número de corporações diretamente envolvidas no complexo industrial--prisional, fica claro que os corpos negros são considerados dispensáveis no "mundo livre", mas são encarados como uma importante fonte de lucro no sistema prisional.

O COMPLEXO INDUSTRIAL-PRISIONAL

A privatização característica do arrendamento de condenados tem seus paralelos contemporâneos, já que empresas como a CCA e a Wackenhut literalmente administram prisões com fins lucrativos. No início do século XXI, as diversas empresas privadas do setor penitenciário em operação nos Estados Unidos possuíam e administravam instituições que abrigavam 91.828 prisioneiros federais e estaduais.[114] Os estados do Texas e de Oklahoma têm o maior número de pessoas encarceradas em prisões privadas. Mas o Novo México aprisiona 44% de sua população carcerária em instalações privadas, e estados como Montana, Alasca e Wyoming transferiram mais de 25% da sua população carcerária para empresas privadas.[115] Em arranjos que lembram o sistema de arrendamento de condenados, os governos federal e estadual e os governos dos condados pagam às empresas privadas uma taxa por cada preso, o que significa que essas empresas privadas têm interesse em reter os detentos na prisão pelo maior tempo possível e em manter suas instalações cheias.

No estado do Texas, há 34 prisões estatais administradas por empresas privadas nas quais cerca de 5.500 prisioneiros de outros estados estão encarcerados. Essas instalações geram cerca de 80 milhões de dólares por ano para o Texas.[116] Um exemplo dramático envolve a Capital Corrections Resources, Inc., que administra o Centro de Detenção de Brazoria, uma instalação do governo localizada a 65 quilômetros de Houston, no Texas. Brazoria chamou a atenção em agosto de 1997, quando um vídeo veiculado em rede nacional mostrou os prisioneiros de lá sendo mordidos por cães policiais e violentamente golpeados na virilha e pisoteados pelos guardas. Os presos, forçados a rastejar no chão, também levavam choques de armas paralisantes, enquanto os guardas — que se referiam a um prisioneiro negro como "garoto" — gritavam "rastejem mais rápido!".[117] Após a divulgação

ESTARÃO AS PRISÕES OBSOLETAS?

desse vídeo, o estado do Missouri retirou seus 415 prisioneiros abrigados no Centro de Detenção de Brazoria. Embora poucas referências tenham sido feitas nas reportagens que acompanharam a divulgação dos vídeos ao caráter indiscutivelmente racializado do comportamento ultrajante dos guardas, no trecho do vídeo de Brazoria exibido em rede nacional era possível perceber que os prisioneiros negros eram os principais alvos dos ataques.

O vídeo de 32 minutos, que as autoridades de Brazoria alegaram ser um vídeo de treinamento — supostamente mostrando aos guardas "o que não fazer" —, foi filmado em setembro de 1996, depois que um guarda supostamente sentiu cheiro de maconha na prisão. Evidência importante dos abusos que acontecem por trás dos muros e portões das prisões privadas, o vídeo veio a público em conexão com um processo movido por um dos prisioneiros que foi mordido por um cachorro; ele estava processando o condado de Brazoria e pedia 100 mil dólares de indenização. As ações dos carcereiros de Brazoria — que, segundo os prisioneiros de lá, eram muito piores do que as retratadas no vídeo — são um indicativo não apenas da forma como muitos prisioneiros são tratados em todo o país, mas de atitudes generalizadas em relação às pessoas encarceradas nas cadeias e prisões.

De acordo com uma reportagem da Associated Press, os prisioneiros do Missouri, depois de serem transferidos de Brazoria de volta para seu estado de origem, disseram ao *Kansas City Star*:

> [Os] guardas no Centro de Detenção do Condado de Brazoria usavam aguilhões e outras formas de intimidação para impor respeito e forçar os prisioneiros a dizer: "Eu adoro o Texas." "O que vocês viram no vídeo não foi nem uma fração do que aconteceu naquele dia", disse o preso Louis Watkins, referindo-se à filmagem da batida no pavilhão em 18 de setembro de 1996. "Nunca vi nada parecido nos filmes."[118]

O COMPLEXO INDUSTRIAL-PRISIONAL

Em 2000, havia 26 corporações com fins lucrativos atuando no setor penitenciário nos Estados Unidos, que operavam cerca de 150 instituições em 28 estados.[119] As duas maiores dessas empresas, a CCA e a Wackenhut, controlam 76,4% do mercado privado de prisões no mundo. A CCA está sediada em Nashville, Tennessee, e, até 2001, sua maior acionista era a multinacional sediada em Paris Sodexho Alliance, que, por meio de sua subsidiária americana Sodexho Marriott, fornecia serviços de alimentação a novecentas faculdades e universidades nos Estados Unidos. O Prison Moratorium Project, organização que promove o ativismo juvenil, liderou uma campanha de protesto contra a Sodexho Marriott em campi por todo o país. Entre os campi que deixaram de usar os serviços da Sodexho estavam os da SUNY Albany, da Goucher College e da James Madison University. Os estudantes já tinham feito protestos pacíficos e organizado manifestações em mais de cinquenta campi quando a Sodexho finalmente se desfez de sua participação na CCA, no outono de 2001.[120]

Embora as prisões privadas representem uma pequena fatia das prisões nos Estados Unidos, o modelo de privatização está rapidamente se tornando o principal modo de organizar a punição em muitos outros países.[121] Essas empresas tentaram se aproveitar da expansão da população carcerária feminina, tanto nos Estados Unidos quanto no restante do mundo. Em 1996, a primeira prisão feminina privada foi inaugurada pela CCA em Melbourne, na Austrália. O governo de Victoria "adotou o modelo de privatização dos Estados Unidos, de acordo com o qual o financiamento, o projeto, a construção e a propriedade da prisão são concedidos a uma empresa contratada, e o governo paga a ela pela construção ao longo de vinte anos. Isso significa que é praticamente impossível remover a empresa, porque ela é dona da prisão".[122]

ESTARÃO AS PRISÕES OBSOLETAS?

Como consequência direta da campanha organizada por grupos de ativistas antiprisionais em Melbourne, o estado de Victoria cancelou o contrato com a CCA em 2001. No entanto, uma parcela significativa do sistema prisional da Austrália continua privatizada. No outono de 2002, o governo de Queensland renovou o contrato com a Wackenhut para administrar uma prisão com 710 leitos em Brisbane. O valor do contrato de cinco anos foi de 66,5 milhões de dólares. Além da instalação em Brisbane, a Wackenhut administra outras onze prisões na Austrália e na Nova Zelândia e fornece serviços médicos em onze prisões públicas no estado de Victoria.[123] No comunicado à imprensa que anunciava a renovação desse contrato, a Wackenhut descreveu suas atividades comerciais ao redor do mundo da seguinte forma:

> A WCC, líder mundial na indústria carcerária privada, tem contratos/concessões para administrar sessenta centros de detenção/instituições correcionais na América do Norte, Europa, Austrália, África do Sul e Nova Zelândia, totalizando cerca de 43 mil leitos. A WCC também fornece serviços de transporte de presos, monitoramento eletrônico para pessoas em prisão domiciliar, assistência médica nas prisões e serviços de saúde mental. A WCC oferece às agências governamentais uma abordagem completa para o desenvolvimento de novas instituições correcionais e de saúde mental que inclui projeto, construção, financiamento e administração.[124]

Mas, para entender o alcance do complexo industrial-prisional, não basta evocar o poder cada vez maior do negócio da prisão privada. Por definição, essas empresas adulam o Estado dentro e fora dos Estados Unidos com a finalidade de obter contratos para construir e administrar prisões, unindo punição e lucro em um abraço ameaçador. Ainda assim, essa é apenas a dimensão

O COMPLEXO INDUSTRIAL-PRISIONAL

mais visível do complexo industrial-prisional, e ela não deve nos fazer ignorar a corporativização mais abrangente, que é uma das características da punição contemporânea. Em comparação com épocas históricas anteriores, a economia carcerária não é mais um pequeno conjunto de mercados, identificável e passível de ser controlado. Muitas corporações, cujos nomes são facilmente reconhecíveis para os consumidores do "mundo livre", descobriram novas possibilidades de expansão ao vender seus produtos para instituições correcionais.

> Na década de 1990, a variedade de empresas que ganham dinheiro com prisões é realmente vertiginosa, indo da fabricante de sabão Dial Soap aos cookies da Famous Amos, da AT&T aos prestadores de serviços médicos. (...) Em 1995, a Dial Soap vendeu 100 mil dólares em produtos de sua marca apenas para o sistema prisional de Nova York. (...) Quando foi contratada para fornecer aos prisioneiros do estado do Texas seu substituto de carne à base de soja, a VitaPro Foods, de Montreal, no Canadá, fechou um contrato no valor de 34 milhões de dólares por ano.[125]

Entre as muitas empresas que anunciam nas páginas amarelas do site corrections.com estão Archer Daniel Midlands, Nestle Foodservice, Ace Hardware, Polaroid, Hewlett-Packard, RJ Reynolds e as empresas de comunicação Sprint, AT&T, Verizon e Ameritech. Uma conclusão a que se pode chegar a partir disso é que, mesmo que fosse proibida a administração de prisões por empresas privadas — uma perspectiva realmente improvável —, o complexo industrial-prisional e suas muitas estratégias para obter lucro permaneceriam relativamente intactos. As prisões privadas são fontes diretas de lucro para as empresas que as administram, mas as prisões públicas estão tão completamente saturadas dos produtos e serviços lucrativos de empresas privadas que a distinção não é tão significativa quanto se poderia imaginar. As campanhas contra a privatização que apresentam as prisões públicas como alternativa adequada às prisões privadas podem ser enganosas. É verdade que uma das principais razões para a rentabilidade das prisões privadas é a mão de obra não sindicalizada que elas empregam, e essa importante distinção deve ser destacada. No entanto, as prisões públicas estão agora igualmente atadas à economia corporativa e constituem uma fonte cada vez maior de lucro capitalista.

O amplo investimento corporativo nas prisões aumentou significativamente as implicações do trabalho antiprisional. Isso significa que ativistas antiprisionais sérios precisam, em suas análises e estratégias de organização, estar dispostos a olhar a prisão muito além da simples instituição. A retórica da reforma prisional que sempre embasou as críticas dominantes ao sistema não vai funcionar nesta nova configuração. Se as abordagens reformistas tendiam a reforçar a permanência da prisão no passado, certamente não serão suficientes para questionar as relações econômicas e políticas que a sustentam hoje. Isso significa que, na era do complexo industrial-prisional, os ativistas devem levantar questões difíceis sobre a relação entre o capitalismo global e a disseminação de prisões que seguem o modelo dos Estados Unidos por todo o mundo.

A economia prisional global é indiscutivelmente dominada pelos Estados Unidos. Essa economia não consiste apenas nos produtos, serviços e ideias comercializados diretamente para outros governos, mas também exerce uma enorme influência sobre o desenvolvimento do estilo de punição estatal ao redor do mundo. Um exemplo drástico pode ser visto na oposição às tentativas da Turquia de transformar suas prisões. Em outubro de 2000, prisioneiros na Turquia, muitos dos quais associados a movimentos políticos de esquerda, começaram uma "greve de fome" como forma de expressar sua oposição à decisão do governo turco de inaugurar prisões do tipo "F-Type" americano. Em comparação com as instalações tradicionais no estilo de dormitórios, essas novas prisões consistem em celas onde ficam encarceradas de uma a três pessoas, algo a que os prisioneiros se opõem por causa dos regimes de isolamento que isso facilita e porque é muito mais provável que, nesse isolamento, aconteçam maus-tratos e tortura. Em dezembro de 2000, trinta presos foram mortos em confrontos com forças de segurança em vinte prisões.[126] Em setembro de 2002, mais de cinquenta presos morreram de fome, incluindo duas mulheres, Gulnihal Yilmaz e Birsen Hosver.

As prisões "F-Type" na Turquia foram inspiradas no recente surgimento da prisão de segurança supermáxima nos Estados Unidos, cujo objetivo seria controlar presos que de outra forma seriam impossíveis de controlar, mantendo-os em confinamento solitário permanente e submetendo-os a diferentes graus de privação sensorial. Em seu *Relatório Mundial 2002*, a Human Rights Watch dedicou especial atenção às preocupações suscitadas pela

proliferação de prisões de "segurança supermáxima" ultramodernas. Originalmente predominante nos Estados Unidos (...) o modelo *supermax* passou a ser cada vez mais adotado em outros países. Os prisioneiros confinados nessas instalações passavam uma média de 23 horas por dia em suas celas, submetidos a um isolamento social extremo, à ociosidade forçada e a oportunidades recreativas e educacionais extraordinariamente reduzidas.

Enquanto as autoridades penitenciárias defendiam o uso de instalações de segurança supermáxima afirmando que elas abrigavam apenas os presos mais perigosos, insubordinados e propensos a escapar, havia poucas garantias no sentido de evitar que outros prisioneiros fossem transferidos de forma arbitrária ou discriminatória para essas instalações. Na Austrália, o inspetor dos serviços de custódia descobriu que alguns prisioneiros estavam sendo mantidos indefinidamente em unidades especiais de alta segurança sem saber o motivo de seu isolamento ou quando ele terminaria.[127]

Entre os muitos países que construíram recentemente prisões de segurança supermáxima está a África do Sul. A construção da prisão de segurança supermáxima em Kokstad, na província de KwaZulu-Natal, foi concluída em agosto de 2000, mas a inauguração oficial só ocorreu em maio de 2002. Ironicamente, o motivo para o atraso foi a disputa por água entre a prisão e um novo projeto habitacional de baixo custo.[128] Ressalto a adoção da prisão de segurança supermáxima pela África do Sul por causa da aparente facilidade com que essa versão mais repressiva da prisão nos Estados Unidos se estabeleceu em um país que recentemente iniciou o projeto para construir uma sociedade democrática, não racista e não sexista. A África do Sul foi o primeiro país do mundo a criar garantias constitucionais para os direitos dos homossexuais e aboliu imediatamente a pena de morte após o fim do *apartheid*. No entanto, seguindo o exemplo dos Estados Unidos, o sistema prisional sul-africano está se expandindo e se tornando cada vez mais opressivo. A empresa privada de serviços prisionais Wackenhut, dos Estados Unidos, fechou vários contratos com o governo sul-africano e, ao construir prisões privadas, legitima ainda mais a tendência de privatização (que afeta a disponibilidade de serviços básicos, dos serviços públicos à educação) na economia como um todo.

A participação da África do Sul no complexo industrial-prisional constitui um grande obstáculo à criação de uma sociedade democrática. Nos Estados Unidos, já sentimos os efeitos insidiosos e socialmente prejudiciais da expansão prisional. A expectativa social dominante é de que homens jovens negros, latinos, nativos americanos e oriundos do sudeste asiático — e cada vez mais também mulheres — passem naturalmente do mundo livre para a prisão, onde se supõe que seja seu lugar. Apesar dos importantes ganhos dos movimentos sociais antirracistas durante o último meio século, o racismo se esconde dentro das estruturas institucionais, e seu refúgio mais certo é o sistema prisional.

A prisão racista de diversos imigrantes oriundos de países do Oriente Médio após os ataques de 11 de setembro de 2001 e a subsequente retenção de informações sobre o nome de um grande número de pessoas presas em centros de detenção do Serviço de Imigração, alguns dos quais pertencem e são administrados por corporações privadas, não pressagiam um futuro democrático. A detenção incontestada de um número cada vez maior de imigrantes sem documentos oriundos do hemisfério sul tem sido consideravelmente favorecida pelas estruturas e ideologias associadas ao complexo industrial-prisional. Não poderemos avançar na direção da justiça e da igualdade no século XXI se não estivermos dispostos a reconhecer o enorme papel desempenhado por esse sistema no sentido de ampliar o poder do racismo e da xenofobia.

A oposição radical ao complexo industrial-prisional global vê o movimento antiprisional como um meio vital para expandir o terreno no qual a busca pela democracia possa se desdobrar. Esse movimento é, portanto, antirracista, anticapitalista, antissexista e anti-homofóbico. Ele exige a abolição da prisão como a forma

ESTARÃO AS PRISÕES OBSOLETAS?

dominante de punição, mas ao mesmo tempo reconhece a necessidade de solidariedade genuína para com os milhões de homens, mulheres e crianças que estão atrás das grades. Um dos grandes desafios desse movimento é levar adiante um trabalho que crie ambientes mais humanos e habitáveis para as pessoas na prisão sem reforçar a permanência do sistema prisional. Como, então, alcançar o equilíbrio entre estar atento de maneira fervorosa às necessidades dos prisioneiros — exigindo condições menos violentas, o fim do abuso sexual estatal, melhores cuidados médicos e mentais, mais acesso a programas de tratamento para o vício em drogas, melhores oportunidades de trabalho educativo, sindicalização da mão de obra penitenciária, maior conexão com as famílias e as comunidades, penas mais curtas ou alternativas — e, ao mesmo tempo, defender alternativas às penas de encarceramento como um todo, o fim da construção de prisões e estratégias abolicionistas que questionam o lugar da prisão em nosso futuro?

6

Alternativas abolicionistas

Esqueçamos a reforma; está na hora de falar sobre abolir cadeias e prisões da sociedade americana (...) Mas abolir? Onde vamos colocar os prisioneiros? Os "criminosos"? Qual é a alternativa? Em primeiro lugar, não ter nenhuma alternativa produziria menos criminalidade do que os atuais centros de treinamento criminal. Em segundo lugar, a única alternativa completa é construir um tipo de sociedade que não precise de prisões: uma redistribuição digna de poder e renda, de modo a apagar a chama oculta da inveja que agora arde em crimes de propriedade — tanto os roubos cometidos por pobres quanto os desvios de fundos cometidos por ricos. E um senso decente de comunidade que possa apoiar, reintegrar e reabilitar verdadeiramente aqueles que de repente são tomados pela fúria ou pelo desespero, e que os encare não como objetos — "criminosos" —, mas como pessoas que cometeram atos ilegais, como quase todos nós já fizemos.

Arthur Waskow, Institute for Policy Studies[129]

ESTARÃO AS PRISÕES OBSOLETAS?

Se as cadeias e prisões forem abolidas, o que as substituirá? Esta é a questão complexa que muitas vezes interrompe maiores considerações sobre a perspectiva da abolição. Por que é tão difícil imaginar alternativas para o nosso atual sistema de encarceramento? Há várias razões pelas quais tendemos a relutar diante da ideia de que seja possível, um dia, criar um sistema de justiça inteiramente diferente — e talvez mais igualitário. Em primeiro lugar, pensamos no atual sistema, com sua dependência exagerada do encarceramento, como um padrão incondicional e, portanto, temos grande dificuldade de imaginar qualquer outra forma de lidar com os mais de 2 milhões de pessoas que se encontram hoje nas cadeias, prisões, reformatórios e centros de detenção de imigrantes do país. Ironicamente, até mesmo a campanha contra a pena de morte tende a se basear no pressuposto de que a prisão perpétua é a alternativa mais racional para a pena capital. Por mais importante que seja abolir a pena de morte, devemos estar conscientes da forma como a campanha contemporânea contra a pena capital tem uma propensão a repetir os padrões históricos que levaram ao surgimento da prisão como a forma dominante de punição. A pena de morte coexistiu com a prisão, embora o encarceramento devesse servir como alternativa às punições corporais e à pena capital. Eis uma grande dicotomia. Um comprometimento crítico com essa dicotomia envolveria levar a sério a possibilidade de vincular o objetivo de abolir a pena de morte às estratégias de abolição da prisão.

É verdade que, se focarmos de maneira míope no sistema existente — e talvez esse seja o problema que leva à suposição de que o encarceramento é a única alternativa para a morte —, fica muito difícil imaginar um sistema estruturalmente

ALTERNATIVAS ABOLICIONISTAS

similar capaz de lidar com uma população tão vasta de transgressores da lei. Se, no entanto, deslocamos nossa atenção da prisão, percebida como uma instituição isolada, para o conjunto de relações que compõem o complexo industrial-prisional, pode ser mais fácil pensar em alternativas. Em outras palavras, um enquadramento mais complexo pode render mais opções do que simplesmente tentar encontrar um único substituto para o sistema prisional. O primeiro passo, portanto, seria deixar de lado o desejo de encontrar um único sistema alternativo de punição que ocupasse o mesmo raio de ação do sistema prisional.

Desde a década de 1980, o sistema prisional se instalou na vida econômica, política e ideológica dos Estados Unidos e no comércio transnacional de bens, cultura e ideias americanos. O complexo industrial-prisional, portanto, é muito mais do que a soma de todas as cadeias e prisões do país. É um conjunto de relações simbióticas entre comunidades correcionais, corporações transnacionais, conglomerados de mídia, sindicatos de guardas e projetos legislativos e judiciais. Se é verdade que o significado contemporâneo da punição é formado por meio dessas relações, então as estratégias abolicionistas mais eficazes precisam contestar essas relações e propor alternativas que as desmontem. O que significaria, então, imaginar um sistema no qual não seja permitido que a punição se torne fonte de lucro corporativo? Como podemos imaginar uma sociedade na qual raça e classe não sejam causas determinantes primárias da punição? Ou uma sociedade na qual a própria punição não seja mais a preocupação central na administração da justiça?

Uma abordagem abolicionista que procurasse responder a questões como essas exigiria que imaginássemos uma conste-

ESTARÃO AS PRISÕES OBSOLETAS?

lação de estratégias e instituições alternativas, com o objetivo final de remover a prisão das paisagens sociais e ideológicas de nossa sociedade. Em outras palavras, não buscaríamos substitutos para a prisão semelhantes à prisão, como a prisão domiciliar monitorada por tornozeleiras eletrônicas. Em vez disso, colocando o desencarceramento como nossa estratégia global, tentaríamos imaginar um *continuum* de alternativas ao encarceramento — a desmilitarização das escolas, a revitalização da educação em todos os níveis, um sistema de saúde que ofereça atendimento físico e mental gratuito para todos e um sistema de justiça baseado na reparação e na reconciliação em vez de na punição e na retaliação.

A criação de novas instituições que ocupem o espaço agora ocupado pela prisão pode começar a esvaziar a prisão de modo que ela ocupe espaços cada vez menores em nosso cenário social e psíquico. As escolas devem, portanto, ser encaradas como a alternativa mais poderosa às cadeias e prisões. A menos que as atuais estruturas de violência sejam eliminadas das escolas nas comunidades pobres e de pessoas de cor — incluindo a presença de guardas e policiais armados — e a menos que o ambiente escolar se torne um lugar que incentive o prazer de aprender, as escolas continuarão a ser o principal canal para as prisões. A alternativa seria transformar as escolas em veículos para o desencarceramento. No sistema de saúde, é importante enfatizar a atual escassez de instituições disponíveis para pessoas pobres que sofrem de doenças mentais e psicológicas graves. Atualmente, há mais pessoas com distúrbios mentais e psicológicos nas cadeias e prisões do que nas instituições psiquiátricas. Essa demanda por novas instituições destinadas a ajudar pessoas pobres não deve ser encarada como um apelo à reinstituição

ALTERNATIVAS ABOLICIONISTAS

do antigo sistema de instituições psiquiátricas, que eram — e em muitos casos ainda são — tão repressivas quanto as prisões. Trata-se simplesmente de sugerir que as disparidades de raça e classe nos cuidados disponíveis para as pessoas ricas e as pessoas carentes devam ser erradicadas, criando assim outro veículo para o desencarceramento.

Para reiterar, em vez de tentar imaginar uma única alternativa ao sistema de encarceramento existente, temos que imaginar uma série de outras que exigirão transformações radicais em muitos aspectos de nossa sociedade. Alternativas que não combatam o racismo, a dominação masculina, a homofobia, o preconceito de classe e outras estruturas de dominação não levarão, em última análise, ao desencarceramento e não promoverão o objetivo da abolição.

É nesse contexto que faz sentido considerar a descriminalização do uso de drogas como um componente significativo de uma estratégia maior para simultaneamente se opor às estruturas de racismo dentro do sistema de justiça criminal e levar adiante a ideia de desencarceramento. Dessa forma, no que diz respeito ao projeto de questionar o papel desempenhado pela assim chamada Guerra às Drogas em conduzir um grande número de pessoas de cor para o sistema prisional, as propostas de descriminalização do uso de drogas devem estar ligadas ao desenvolvimento de uma série de programas comunitários e gratuitos acessíveis a todas as pessoas que desejem enfrentar seus problemas com drogas. Não estou sugerindo que todas as pessoas que usam drogas — ou que apenas as pessoas que usam drogas ilícitas — precisem dessa ajuda. No entanto, qualquer pessoa, independentemente da situação econômica, que deseje superar a dependência deveria poder recorrer a programas de tratamento.

ESTARÃO AS PRISÕES OBSOLETAS?

Essas instituições estão, na realidade, disponíveis apenas para comunidades abastadas. O programa mais conhecido é o Betty Ford Center, que, de acordo com seu site, "aceita pacientes dependentes de álcool e de outras substâncias que alteram o humor. Os tratamentos são abertos a todos os homens e mulheres com mais de 18 anos, independentemente de raça, credo, sexo, origem, religião ou fonte de pagamento dos cuidados".[130] No entanto, o custo diário dos primeiros seis dias é de 1.175 dólares, e, depois, 525 dólares por dia.[131] Se uma pessoa precisar de trinta dias de tratamento, o custo será de 19 mil dólares, quase o dobro do salário anual de um indivíduo que trabalha recebendo salário mínimo.

As pessoas pobres merecem ter acesso a programas efetivos e voluntários de tratamento para a dependência de drogas. Como o programa Betty Ford, sua operação não deve depender das recomendações do sistema de justiça criminal. Como nele, os membros da família também devem ser autorizados a participar. Mas, ao contrário do Betty Ford, eles devem ser gratuitos. Para que esses programas contem como "alternativas abolicionistas", eles não podem estar vinculados — ao contrário dos programas existentes, aos quais os indivíduos são "sentenciados" — ao encarceramento como último recurso.

A campanha para descriminalizar o uso de drogas — desde a maconha até a heroína — tem escopo internacional e levou países como a Holanda a revisar suas leis, legalizando o uso pessoal de drogas como maconha e haxixe. A Holanda também tem um histórico de trabalho sexual legalizado, outra área na qual tem havido uma ampla campanha pela descriminalização. Nos casos das drogas e do trabalho sexual, a descriminalização

ALTERNATIVAS ABOLICIONISTAS

exigiria apenas a revogação das leis que penalizam os indivíduos que usam drogas ou que trabalham na indústria do sexo. A legalização do consumo de álcool serve como um exemplo histórico. Em ambos os casos, a descriminalização faria avançar a estratégia abolicionista de desencarceramento — isto é, a redução consistente do número de pessoas mandadas para a prisão — com o objetivo final de desmantelar o sistema prisional como a maneira dominante de punição. Mais um desafio para os abolicionistas é identificar outros comportamentos que possam ser adequadamente descriminalizados como passos preliminares para a abolição.

Um aspecto óbvio e muito urgente do trabalho de descriminalização está associado à defesa dos direitos dos imigrantes. O crescente número de imigrantes — especialmente depois dos ataques de 11 de setembro de 2001 — presos em centros de detenção de imigrantes, bem como em cadeias e prisões, pode ser interrompido eliminando os processos que punem as pessoas por terem entrado no país sem documentos. As campanhas atuais que lutam pela descriminalização dos imigrantes sem documentos estão dando importantes contribuições para a luta contra o complexo industrial-prisional e desafiando o alcance do racismo e da dominação masculina. Quando mulheres de países que ficam em regiões mais ao sul são presas por entrar nos Estados Unidos para fugir da violência sexual, em vez de receberem status de refugiadas, isso reforça a tendência generalizada de punir pessoas perseguidas em suas vidas íntimas como consequência direta de pandemias de violência que continuam a ser legitimadas por estruturas ideológicas e legais.

ESTARÃO AS PRISÕES OBSOLETAS?

Nos Estados Unidos, a defesa legal baseada na "síndrome da mulher agredida" reflete uma tentativa de argumentar que uma mulher que mata um cônjuge abusivo não deve ser condenada por assassinato. Essa defesa foi largamente criticada, tanto por detratores como por defensores do feminismo; os primeiros se recusam a reconhecer a onipresença e os perigos da violência doméstica contra as mulheres, e os últimos questionam a noção de que a legitimidade dessa defesa reside na alegação de que aqueles que matam seus agressores não são responsáveis por suas ações. O que os movimentos feministas tentam mostrar — independentemente de suas posições específicas a respeito da síndrome da mulher agredida — é que a violência contra as mulheres é um problema social universal e complexo que não pode ser resolvido colocando na cadeia as mulheres que reagem a seus agressores. Portanto, um amplo leque de estratégias alternativas de minimização da violência contra a mulher — no âmbito das relações íntimas e no âmbito das relações com o Estado — deve ser o foco de nossas preocupações.

As opções que apontei até agora — e esta é apenas uma pequena seleção de exemplos, que também pode incluir programas de trabalho e salário digno, alternativas ao programa de bem-estar social desestruturado, lazer comunitário e muito mais — estão direta e indiretamente associadas ao atual sistema de justiça criminal. Entretanto, apesar de sua relação indireta com o sistema contemporâneo de cadeias e prisões, essas alternativas estão tentando reverter o impacto do complexo industrial-prisional no mundo. Ao combater o racismo e outras redes de dominação social, sua implementação certamente contribuirá para fazer avançar o projeto abolicionista de desencarceramento.

Criar projetos de desencarceramento e ampliar o leque de alternativas nos ajudam a colocar em prática o trabalho ideológico de desmontar o vínculo conceitual entre crime e castigo. Essa compreensão mais elaborada do papel social do sistema de punição exige que abandonemos nossa maneira habitual de pensar sobre a punição como uma consequência inevitável do crime. Teríamos que reconhecer que o "castigo" não é uma consequência do "crime" na sequência lógica e simples oferecida pelos discursos que insistem na justiça do aprisionamento, mas sim que a punição — principalmente por meio do encarceramento (e às vezes da morte) — está vinculada a projetos de políticos, ao desejo de lucro das corporações e às representações midiáticas do crime. O encarceramento está associado à racialização daqueles que têm mais probabilidade de ser punidos. Está associado a sua classe e, como vimos, a seu gênero, que também estrutura o sistema penal. Se insistimos que as alternativas abolicionistas perturbam essas relações, que se esforçam para desvincular crime e punição, raça e punição, classe e punição, gênero e punição, então nosso foco não pode se restringir apenas ao sistema prisional como uma instituição isolada, mas deve se voltar também para todas as relações sociais que sustentam a permanência da prisão.

A tentativa de criar um novo terreno conceitual no qual seja possível imaginar alternativas ao encarceramento envolve o trabalho ideológico de questionar por que os "criminosos" constituem uma classe e, acima de tudo, uma classe de seres humanos que não merecem os direitos civis e humanos concedidos aos outros. Criminologistas radicais há muito salientam que a categoria "transgressores da lei" é muito mais abrangente do que a categoria de indivíduos considerados criminosos, já que, muitos apontam, praticamente todos nós já infringimos a lei em algum momento. Até mesmo o presidente Bill Clinton admitiu ter fumado maconha certa vez, insistindo, porém, que não tragou. No entanto, as disparidades reconhecidas na intensidade da vigilância policial — como indicado pela atual aceitação do termo "perfil racial", que abrange muito mais do que "dirigir sendo negro ou pardo" — explicam em parte as disparidades de raça e classe nas taxas de detenção e encarceramento. Portanto, se considerarmos seriamente as consequências de um sistema de justiça racista e preconceituoso, concluiremos que muitas pessoas estão na prisão apenas por serem, por exemplo, negras, *chicanas*, vietnamitas, nativas americanas ou simplesmente pobres, não importa qual seja sua origem étnica. Essas pessoas são mandadas para a prisão não tanto por causa dos crimes que de fato cometeram, mas principalmente porque suas comunidades foram criminalizadas. Assim, os programas de descriminalização teriam que levar em conta não só atividades específicas que foram criminalizadas — como o uso de drogas e o trabalho sexual —, mas também populações e comunidades criminalizadas.

É no contexto dessas alternativas abolicionistas concebidas de forma mais ampla que faz sentido abordar a questão das transformações radicais no sistema de justiça existente. Dessa forma, além de minimizar, por meio de várias estratégias, os tipos de comportamento que levam as pessoas a ter contato com a polícia e os sistemas de justiça, há a questão de como tratar aqueles que violam os direitos e o corpo dos outros. Diversas organizações e indivíduos, tanto nos Estados Unidos quanto em outros países, oferecem meios alternativos de fazer justiça. Em casos limitados, alguns governos tentaram implementar alternativas que abran-

ALTERNATIVAS ABOLICIONISTAS

gem desde a resolução de conflitos até a justiça restaurativa ou reparadora. Estudiosos como Herman Bianchi sugeriram que o crime precisa ser definido em termos de responsabilidade civil e, em vez de legislação criminal, deve haver uma legislação reparadora. Em suas palavras, "[a pessoa que infringe a lei] deixa de ser uma mulher ou um homem mau e passa a ser simplesmente um devedor, uma pessoa legalmente responsável cujo dever humano é assumir a responsabilidade por seus atos e o dever de repará-los".[132]

Existe uma literatura crescente sobre a remodelação dos sistemas de justiça por meio de estratégias de reparação, em vez de retaliação, bem como um crescente número de evidências empíricas das vantagens dessas abordagens para a justiça e das possibilidades democráticas que elas prometem. Em vez de enumerar os diversos debates que surgiram nas últimas décadas — incluindo a questão mais persistente: "O que acontecerá com os assassinos e estupradores?" —, concluirei com a história de um dos casos de sucesso mais impressionantes desses experimentos de reconciliação. Eu me refiro ao caso de Amy Biehl, estudante branca de Newport Beach, na Califórnia, que foi morta por jovens sul-africanos em Gugulethu, um distrito negro da Cidade do Cabo, na África do Sul.

Em 1993, quando a África do Sul estava prestes a fazer a transição, Amy Biehl dedicava uma parte significativa de seu tempo como estudante estrangeira ao trabalho de reconstrução do país. Nelson Mandela tinha sido libertado em 1990, mas ainda não fora eleito presidente. Em 25 de agosto, Biehl estava em seu carro, levando alguns amigos negros para casa em Gugulethu, quando uma multidão gritando palavras de ordem

ESTARÃO AS PRISÕES OBSOLETAS?

contra brancos a confrontou, e alguns a apedrejaram e apunhalaram até a morte. Quatro dos homens que participaram do ataque foram condenados pelo assassinato e sentenciados a dezoito anos de prisão. Em 1997, Linda e Peter Biehl — pais de Amy — decidiram apoiar a petição de anistia que os homens apresentaram à Comissão da Verdade e Reconciliação. Os quatro pediram perdão aos Biehl e foram libertados em julho de 1998. Dois deles — Easy Nofemela e Ntobeko Peni — mais tarde se encontraram com os Biehl, que, apesar de muita pressão em contrário, concordaram em vê-los.[133] De acordo com Nofemela, ele queria dizer mais sobre sua própria tristeza por ter matado a filha deles do que tinha sido possível durante as audiências de Verdade e Reconciliação. "Eu sei que vocês perderam uma pessoa que amavam", contou ele que disse a eles durante o encontro. "Eu quero que me perdoem e me aceitem como seu filho."[134]

Os Biehl, que depois da morte da filha criaram a Fundação Amy Biehl, convidaram Nofemela e Peni para trabalhar no braço da fundação em Gugulethu. Nofemela tornou-se professor em um programa esportivo frequentado por crianças depois do horário escolar e Peni se tornou administrador. Em junho de 2002, eles acompanharam Linda Biehl a Nova York, onde todos falaram diante da Academia Americana de Terapia Familiar sobre reconciliação e justiça restaurativa. Em uma entrevista ao *Boston Globe*, Linda Biehl, quando perguntada sobre como se sentia em relação aos homens que mataram sua filha, respondeu: "Eu tenho muito amor por eles." Depois que Peter Biehl morreu, em 2002, ela comprou dois lotes de terra para eles em memória do marido, para que Nofemela e Peni pudessem construir suas próprias casas.[135] Alguns dias após os ataques de 11 de setembro, os Biehl foram convidados a falar em uma sinagoga em sua comunidade. De acordo com Peter Biehl, "tentamos explicar que às vezes vale a pena se calar e ouvir o que outras pessoas têm a dizer e perguntar: 'Por que essas coisas horríveis aconteceram?', em vez de simplesmente revidar."[136]

Referências

CRITICAL RESISTANCE: BEYOND THE
PRISON-INDUSTRIAL COMPLEX

www.criticalresistance.org
Escritório Nacional:
1904 Franklin Street, Suite 504
Oakland, CA 94612
Telefone: 00 XX 1 510 444-0484
Fax: 00 XX 1 510 444-2177
crnational@criticalresistance.org

ESCRITÓRIO REGIONAL NA COSTA LESTE

460 W. 128th Street
Nova York, NY 10027
Telefone: 00 XX 1 917 493-9795
Fax: 00 XX 1 917 493-9798
crne@criticalresistance.org

ESCRITÓRIO REGIONAL NO SUL

P.O. Box 791213
Nova Orleans, LA 70179
Telefones: 00 XX 1 504 837-5348 / 00 XX 1 866 579-0885
crsouth@criticalresistance.org

HUMAN RIGHTS WATCH PRISON PROJECT

350 5th Avenue, 34th Floor
Nova York, NY 10118–3299
Telefone: 00 XX 1 212 290–4700
Fax: 00 XX 1 212 736–1300
hrwnyc@hrw.org
www.hrw.org

INCITE! WOMEN OF COLOR AGAINST VIOLENCE

P.O. Box 6861
Minneapolis, MN 55406–0861
Telefone: 00 XX 1 415 553–3837
incite-national@yahoo.com
www.incite-national.org/

JUSTICE NOW (JUSTICE NETWORK ON WOMEN)

1322 Webster Street, Suite 210
Oakland, CA 94612
Telefone: 00 XX 1 510 839–7654
Fax: 00 XX 1 510 839–7615
cynthia@jnow.org, cassandra@jnow.org
www.jnow.org

THE NATIONAL CENTER ON INSTITUTIONS AND ALTERNATIVES (NCIA)

3125 Mt. Vernon Avenue
Alexandria, VA 22305
Telefone: 00 XX 1 703 684–0373
Fax: 00 XX 1 703 549–4077
info@ncianet.org
www.ncianet.org/ncia; www.sentencing.org

FONTES

PRISON ACTIVIST RESOURCE CENTER

P.O. Box 339
Berkeley, CA 94701
Telefone: 00 XX 1 510 893-4648
Fax: 00 XX 1 510 893-4607
parc@prisonactivist.org
www.prisonactivist.org

PRISON LEGAL NEWS

2400 NW 80th Street, PMB #148
Seattle, WA 98117
Telefone: 00 XX 1 206 781-6524
www.prisonlegalnews.org

PRISON MORATORIUM PROJECT

388 Atlantic Avenue, 3rd Floor
Brooklyn, NY 11217
Telefone: 00 XX 1 718 260-8805
Fax: 00 XX 1 212 727-8616
pmp@nomoreprisons.org
www.nomoreprisons.org

THE SENTENCING PROJECT

514-10th Street NW #1000
Washington, DC 20004
Telefone: 00 XX 1 202 628-0871
Fax: 00 XX 1 202 628-1091
www.sentencingproject.org

Notas

Os links aqui citados correspondem à data da publicação original desta obra (2003).

1. Katherine Stapp, "Prisons Double as Mental Wards", *Asheville Global Report*, n. 164 (7–13 mar. 2002), disponível em: <www.agrnews.org>. O artigo de Stapp descreve um estudo de Seena Fazel, da Universidade de Oxford, e John Danesh, da Universidade de Cambridge, publicado na revista médica britânica *The Lancet*. De acordo com Stapp, os pesquisadores concluíram: "Um em cada sete presos sofre de uma doença mental que pode ser um fator de risco para o suicídio, afirma o estudo. Isso representa mais de um milhão de pessoas nos países ocidentais. Os autores do estudo (...) analisaram dados sobre a saúde mental de 23 mil prisioneiros em doze países ocidentais ao longo de três décadas. Eles concluíram que os prisioneiros 'tinham muito mais chance de ter psicose e depressão profunda, além de cerca de dez vezes mais chance de desenvolver transtorno de personalidade antissocial do que a população em geral'".

2. Elliot Currie, *Crime and Punishment in America* (Nova York: Henry Holt and Company, 1998), p. 21.

3. Mike Davis, "Hell Factories in the Field: A Prison-Industrial Complex", *The Nation* 260, n.7 (20 fev. 1995).

4. As informações contidas neste parágrafo referentes às datas de abertura das prisões da Califórnia foram obtidas no site do Departamento de Correções da Califórnia: <www.cdc.state.ca.us/facility/facil.htm>.

ESTARÃO AS PRISÕES OBSOLETAS?

5. <www.cdc.state.ca.us/facility/instvspw.htm>.
6. <www.cdc.state.ca.us/facility/factsht.htm>.
7. <www.cdc.state.ca.us/facility/instccwf.htm>.
8. Sandow Birk, *Incarcerated: Visions of California in the Twenty-First Century* (San Francisco: Last Gasp of San Francisco, 2001).
9. Ruth Wilson Gilmore, "Globalisation and U.S. Prison Growth: From Military Keynesianism to Post-Keynesian Militarism", *Race and Class* 40, n. 2/3 (out. 1998–mar. 1999), p. 174.
10. Gilmore, p. 184.
11. Gina Dent, "Stranger Inside and Out: Black Subjectivity in the Women In-Prison Film", in Harry Elam e Kennel Jackson (ed.), *Black Cultural Traffic: Crossroads in Black Performance and Black Popular Culture* (Ann Arbor: University of Michigan Press, 2005).
12. Marc Mauer, "Young Men and the Criminal Justice System: A Growing National Problem" (Washington, D.C.: The Sentencing Project, 1990).
13. Marc Mauer e Tracy Huling, "Young Black Americans and the Criminal Justice System: Five Years Later" (Washington, D.C.: The Sentencing Project, 1995).
14. Allen J. Beck, Jennifer C. Karberg e Paige M. Harrison, "Prison and Jail Inmates at Midyear 2001", *Bureau of Justice Statistics Bulletin* (Washington, D.C.: U.S. Department of Justice, Office of Justice Programs, April 2002, NCJ 191702), p. 12.
15. Adam Jay Hirsh, *The Rise of the Penitentiary: Prisons and Punishment in Early America* (New Haven/Londres: Yale University Press, 1992), p. 84.
16. Ibid., p. 71.
17. Ibid., p. 73.
18. Ibid., p. 74–75.
19. Milton Fierce, *Slavery Revisited: Blacks and the Southern Convict Lease System, 1865–1933* (Nova York: African Studies Research Center, Brooklyn College, City University of New York, 1994), p. 85–86.

NOTAS

20. Mary Ann Curtin, *Black Prisoners and Their World, Alabama, 1865-1900* (Charlottesville/Londres: University Press of Virginia, 2000), p. 6.

21. Curtin, p. 42.

22. Phillip S. Foner (ed.), *The Life and Writings of Frederick Douglass. Volume 4: Reconstruction and After* (Nova York: International Publishers, 1955), p. 379.

23. Cheryl Harris, "Whiteness as Property", in Kimberlé Crenshaw, Neil Gotanda, Gary Peller e Kendall Thomas, *Critical Race Theory* (Nova York: The New Press, 1995).

24. Em 1º de março de 2003, o Serviço de Imigração e Naturalização foi oficialmente extinto e suas atividades foram incorporadas pelo novo Departamento de Segurança Interna.

25. Matthew J. Mancini, *One Dies, Get Another: Convict Leasing in the American South, 1866-1928* (Columbia, S.C.: South Carolina Press, 1996), p. 25.

26. Ibid.

27. David Oshinsky, *"Worse Than Slavery": Parchman Farm and the Ordeal of Jim Crow Justice* (Nova York: The Free Press, 1996).

28. Alex Lichtenstein, *Twice the Work of Free Labor: The Political Economy of Convict Labor in the New South* (Londres/Nova York: Verso, 1996).

29. Oshinsky, p. 45.

30. Curtin, p. 44.

31. Lichtenstein, p. 13.

32. Ibid., p. xix.

33. Ibid.

34. Curtin, p. 1.

35. Curtin, p. 213-214.

36. Michel Foucault, *Discipline and Punish: The Birth of the Prison* (Nova York: Vintage Books, 1979), p. 234. [Edição brasileira: *Vigiar e punir: nascimento da prisão*. Petrópolis: Vozes, 2013.]

37. Ibid., p. 3.

ESTARÃO AS PRISÕES OBSOLETAS?

38. Louis J. Palmer Jr., *The Death Penalty: An American Citizen's Guide to Understanding Federal and State Laws* (Jefferson, N.C./ Londres: McFarland & Co, Inc. Publishers, 1998).

39. Russell P. Dobash, R. Emerson Dobash e Sue Gutteridge, *The Imprisonment of Women* (Oxford: Basil Blackwell, 1986), p. 19.

40. John Hirst, "The Australian Experience: The Convict Colony", in Norval Morris e David J. Rothman (eds.), *The Oxford History of the Prison: The Practice of Punishment in Western Society*, (Nova York, Oxford: Oxford University Press, 1998), p. 244.

41. Cesare Beccaria, *On Crimes and Punishments* (Cambridge: Cambridge University Press, 1995). [Edição brasileira: *Dos delitos e das penas*. São Paulo: Pillares, 2013.]

42. Ver Georg Rusche e Otto Kirchheimer, *Punishment and Social Structure* (Nova York: Columbia University Press, 1939), e Dario Melossi e Massimo Pavarini, *The Prison and the Factory: Origins of the Penitentiary System* (Totowa, N.J.: Barnes and Noble Books, 1981).

43. Estelle B. Freedman, *Their Sisters' Keepers: Women's Prison Reform in America, 1830–1930* (Ann Arbor: University of Michigan Press, 1984), p. 10.

44. Ver a discussão sobre o relatório escrito em 1977 por John Howard *The State of the Prisons in England and Wales*, in Michael Ignatieff, *A Just Measure of Pain: The Penitentiary in the Industrial Revolution, 1750–1850* (Nova York: Pantheon Books, 1978).

45. Jeremy Bentham, *The Panopticon and Other Prison Writings* (Londres/Nova York: Verso, 1995).

46. Charles Dickens, *The Works of Charles Dickens, Vol. 27, American Notes* (Nova York: Peter Fenelon Collier and Son, 1900), p. 119–120.

47. Gustave de Beaumont e Alexis de Tocqueville, *On the Penitentiary System in the United States and its Application in France* (Carbondale/Edwardsville: Southern Illinois University Press), 1964 [1833].

48. Beaumont e Tocqueville, p. 131.

NOTAS

49. "Cold Storage: Super-Maximum Security Confinement in Indiana", A Human Rights Watch Report (Nova York: Human Rights Watch, October 1997), p. 13.

50. "Cold Storage", p. 18-19.

51. Para uma discussão mais detalhada sobre a prisão de segurança supermáxima, ver Craig Haney e Mona Lynch, "Regulating Prisons of the Future: A Psychological Analysis of Supermax and Solitary Confinement", *New York University Review of Law and Social Change* 23 (1997), p. 477-570.

52. "Cold Storage", p. 19.

53. Chase Riveland, "Supermax Prisons: Overview and General Considerations" (Washington, D.C.: National Institute of Corrections, U.S. Department of Justice, January 1999), p. 4.

54. John Bender, *Imagining the Penitentiary: Fiction and the Architecture of Mind in Eighteenth-Century England* (Chicago/Londres: University of Chicago Press, 1987), p. 2.

55. Ignatieff, p. 47.

56. Ibid., p. 53.

57. Bender, p. 1.

58. Ignatieff, p. 58.

59. Ibid., p. 52.

60. Bender, p. 29.

61. Ibid., p. 31.

62. Robert Burns, *I Am a Fugitive from a Georgia Chaingang!* (Savannah, Ga.: Beehive Press, 1994).

63. George Jackson, *Soledad Brother: The Prison Letters of George Jackson* (Westport, Conn.: Lawrence Hill and Co., 1994).

64. Bettina Aptheker e Angela Davis (eds.), *If They Come in the Morning: Voices of Resistance* (Nova York: Third Press, 1971).

65. Mumia Abu-Jamal, *Live from Death Row* (Nova York: Addison-Wesley Publishing Company, 1995), p. 65-67.

66. Mumia Abu-Jamal, *Death Blossoms* (Farmington, Pa.: The Plough Publishing House, 1997).

ESTARÃO AS PRISÕES OBSOLETAS?

67. Mumia Abu-Jamal, *All Things Censored* (Nova York: Seven Stories Press, 2000).

68. A Secção 20.411 do Violent Crime Control and Law Enforcement Act de 1994 proibiu a concessão de Pell Grants para financiar a educação de presos. Essa determinação continua vigente. Ver: <usinfo.state.gov/infousa/laws/majorlaws/h3355_en.htm>.

69. H. Bruce Franklin (ed.), *Prison Writing in Twentieth-Century America* (Nova York: Penguin Books, 1998), p. 13.

70. Malcolm X, *The Autobiography of Malcolm X (As Told to Alex Haley)* (Nova York: Random House, 1965).

71. *The Last Graduation*, dirigido por Barbara Zahm (Zahm Productions and Deep Dish TV, 1997).

72. Marcia Bunney, "One Life in Prison: Perception, Reflection, and Empowerment", in Sandy Cook e Susanne Davies (eds.), *Harsh Punishment: International Experiences of Women's Imprisonment* (Boston: Northeastern University Press, 1999), p. 29–30.

73. Assata Shakur, *Assata: An Autobiography* (Westport, Conn.: Lawrence Hill and Co., 1987).

74. Ibid., p. x.

75. Ibid., p. 83–84.

76. Elizabeth Gurley Flynn, *The Alderson Story: My Life as a Political Prisoner* (Nova York: International Publishers, 1972).

77. ACE (Members of AIDS Counseling and Education), *Breaking the Walls of Silence: AIDS and Women in a New York State Maximum Security Prison* (Nova York: Overlook Press, 1998).

78. Vivien Stern, *A Sin Against the Future: Imprisonment in the World* (Boston: Northeastern Press, 1998), p. 138.

79. Ver Elaine Showalter, "Victorian Women and Insanity", in Andrew Scull (ed.), *Madhouses, Mad-Doctors and Madmen: The Social History of Psychiatry in the Victorian Era* (Filadélfia: University of Pennsylvania Press), 1981.

80. Luana Ross, *Inventing the Savage: The Social Construction of Native American Criminality* (Austin: University of Texas Press, 1998), p. 121.

NOTAS

81. Freedman, p. 15.
82. Ver Freedman, capítulos 3 e 4.
83. Joanne Belknap, *The Invisible Woman: Gender, Crime, and Justice* (Belmont, Calif.: Watsworth Publishing Company), p. 95.
84. Lucia Zedner, "Wayward Sisters: The Prison for Women", in Norval Morris e David J. Rothman (ed.), *The Oxford History of the Prison: The Practice of Punishment in Western Society* (Nova York: Oxford University Press), p. 318.
85. Ibid., p. 318.
86. Currie, p. 14.
87. Ross, p. 89.
88. Ibid., p. 90.
89. Tekla Dennison Miller, *The Warden Wore Pink* (Brunswick, Me.: Biddle Publishing Company, 1996), p. 97–98.
90. Ibid., p. 100.
91. Ibid., p. 121.
92. *Philadelphia Daily News*, 26 abr. 1996.
93. American Civil Liberties Union Freedom Network, 26 ago. 1996, disponível em: <aclu.org/news/w82696b.html>.
94. *All Too Familiar: Sexual Abuse of Women in U.S. State Prisons* (Nova York: Human Rights Watch, December 1996), p. 1.
95. Ibid., p. 2.
96. <www.oneword.org/ips2/aug98/03_56_003>.
97. *Standard Minimum Rules for the Treatment of Prisoners* [Regras Mínimas para o Tratamento de Prisioneiros] (adotadas pelo Primeiro Congresso das Nações Unidas sobre a Prevenção do Crime e Tratamento dos Delinquentes, realizado em Genebra em 1955, e aprovadas pelo Conselho Econômico e Social em suas resoluções 663 C (XXIV), de 31 de julho de 1957, e 2.076 (LXII), de 13 de maio de 1977).
98. Amanda George, "Strip Searches: Sexual Assault by the State", disponível em: <www.aic.gov.au/publications/proceedings/20/george.pdf>, p. 211-212.

ESTARÃO AS PRISÕES OBSOLETAS?

99. Amanda George fez esse comentário no vídeo *Strip Search*, produzido pela Simmering Video e pela Coalition Against Police Violence (data indisponível).

100. Linda Evans e Eve Goldberg, "The Prison Industrial Complex and the Global Economy" (panfleto) (Berkeley, Calif.: Prison Activist Resource Center, 1997).

101. Ver nota 3.

102. *Wall Street Journal*, 12 mai. 1994.

103. Ibid.

104. Allen M. Hornblum, *Acres of Skin: Human Experiments at Holmesburg Prison* (Nova York: Routledge, 1998), p. xvi.

105. Hornblum, p. 212.

106. Hornblum, p. 37.

107. Ver A.S. Relman, "The New Medical Industrial Complex", *New England Journal of Medicine* 30 (17) (23 out. 1980), p. 963–970.

108. Vince Beiser, "How We Got to Two Million: How Did the Land of the Free Become the World's Leading Jailer?", *Debt to Society*, MotherJones.com Special Report, 10 jul. 2001. Disponível em: <www.motherjones.com/prisons/overview.html>, p. 6.

109. Paige M. Harrison e Allen J. Beck, "Prisoners in 2001", Bureau of Justice Statistics Bulletin (Washington, D.C.: U.S. Department of Justice, Office of Justice Programs, jul. 2002, NCJ 195189), p. 1.

110. Allen Beck e Paige M. Harrison, "Prisoners in 2000", Bureau of Justice Statistics Bulletin (Washington, D.C.: U.S. Department of Justice, Office of Justice Programs, ago. 2001, NCJ 1888207), p. 1.

111. Harrison e Beck, "Prisoners in 2001".

112. Steve Donziger, *The Real War on Crime: Report of the National Criminal Justice Commission* (Nova York: Perennial Publishers, 1996), p. 87.

113. Allen J. Beck, Jennifer C. Karberg e Paige M. Harrison, "Prison and Jail Inmates at Midyear 2001", Bureau of Justice Statistics Bulletin (Washington, D.C., U.S. Department of Justice, Office of Justice Programs, abr. 2002, NCJ 191702), p. 12.

NOTAS

114. Harrison e Beck, "Prisoners in 2001", p. 7.
115. Ibid.
116. Sue Anne Pressley, "Texas County Sued by Missouri Over Alleged Abuse of Inmates", *Washington Post*, 27 ago. 1997, p. A2.
117. Madeline Baro, "Video Prompts Prison Probe", *Philadelphia Daily News*, 20 ago. 1997.
118. "Beatings Worse Than Shown on Videotape, Missouri Inmates Say", The Associated Press, 27 ago. 1997, 7:40 P.M. EDT.
119. Joel Dyer, *The Perpetual Prison Machine: How America Profits from Crime* (Boulder, Col.: Westview Press, 2000).
120. Abby Ellin, "A Food Fight Over Private Prisons", *New York Times*, Education Life, Sunday, 8 abr. 2001.
121. Ver Julia Sudbury, "Mules and Other Hybrids: Incarcerated Women and the Limits of Diaspora", *Harvard Journal of African American Public Policy*, outono de 2002.
122. Amanda George, "The New Prison Culture: Making Millions from Misery", *in* Sandy Cook e Susanne Davies, *Harsh Punishment: International Experiences of Women's Imprisonment* (Boston: Northeastern Press, 1999), p. 190.
123. Comunicado à imprensa feito pela Wackenhut em 23 de agosto de 2002.
124. Ibid.
125. Dyer, p. 14.
126. Ver o comunicado à imprensa feito pela Anistia Internacional, disponível em: <www.geocities.com/turkishhungerstrike/amapril.html>.
127. <www.hrw.org/wr2k2/prisons.html>.
128. <www.suntimes.co.za/20>.
129. Arthur Waskow, Institute for Policy Studies, *Saturday Review*, 8 jan. 1972, citado em Fay Honey Knopp et al., *Instead of Prisons: A Handbook for Abolitionists* (Syracuse, N.Y.: Prison Research Education Action Project, 1976), p. 15-16.
130. <www.bettyfordcenter.org/programs/programs/index.html>.

ESTARÃO AS PRISÕES OBSOLETAS?

131. <www.bettyfordcenter.org/programs/programs/prices.html>.

132. Herman Bianchi, "Abolition: Assensus and Sanctuary", in Herman Bianchi e René Swaaningen (eds.), *Abolitionism: Toward a Non-Repressive Approach to Crime* (Amsterdam: Free University Press, 1986), p. 117.

133. A antropóloga Nancy Schepper-Hughes descreveu essa surpreendente reviravolta em uma palestra proferida na Universidade da Califórnia em Berkeley em 24 de setembro de 2001, intitulada "Un-Doing: The Politics of the Impossible in the New South Africa".

134. Bella English, "Why Do They Forgive Us", *Boston Globe*, 23 abr. 2003.

135. Ibid.

136. Gavin Du Venage, "Our Daughter's Killers Are Now Our Friends", *The Straits Times* (Singapura), 2 dez. 2001.

Sobre a autora

ANGELA YVONNE DAVIS é professora de história da consciência na Universidade da Califórnia, em Santa Cruz. Nos últimos trinta anos, atuou em diversas organizações que lutam contra a repressão relacionada às prisões. Sua defesa de prisioneiros políticos resultaram em três acusações por crime capital, dezesseis meses na prisão à espera de julgamento e uma campanha amplamente divulgada seguida da absolvição em 1972. Em 1973, o National Committee to Free Angela Davis and All Political Prisoners, junto com o Attica Brothers, o American Indian Movement e outras organizações, fundaram a National Alliance Against Racist and Political Repression, da qual ela foi copresidente por muitos anos. Em 1998, foi uma das 25 organizadoras da histórica conferência "Critical Resistance: Beyond the Prison Industrial Complex" [Resistência crítica: além do complexo industrial-prisional] em Berkeley e desde então atua como orientadora de um grupo de pesquisa com o mesmo nome financiado pelo Instituto de Pesquisa de Ciências Humanas da Universidade da Califórnia. Angela é autora de muitos livros, incluindo *Blues Legacies and Black Feminism:*

Gertrude "Ma" Rainey, Bessie Smith and Billie Holiday. Entre suas obras publicadas no Brasil estão: *Mulheres, raça e classe*; *Mulheres, cultura e política*; *A liberdade é uma luta constante*; *A democracia da abolição* e *Educação e libertação: a perspectiva das mulheres negras*.

Impresso no Brasil pelo
Sistema Cameron da Divisão Gráfica da
DISTRIBUIDORA RECORD DE SERVIÇOS DE IMPRENSA S.A.
Rua Argentina, 171 – Rio de Janeiro, RJ – 20921-380 – Tel.: (21)2585-2000